Encuentros con lo imposible

Encuentros con lo imposible

Homenaje a Isabel Izquierdo Moya

Coordinado por: Emilio Cervantes

Textos de: Paloma Blanco Fernández de Caleya, Santos Casado, Emilio Cervantes, Alberto Gomis, Antonio González Bueno, Carlos Martín Escorza, Carmen Rey del Castillo

Contenido

PRESENTACIÓN

Una entrevista publicada en el periódico del Museo Nacional de Ciencias Naturales pone de manifiesto las líneas maestras que dirigieron la trayectoria científica de Isabel Izquierdo. En primer lugar, el sentimiento de una necesidad: la de cuidar de las colecciones de insectos. ¿Y a qué puede deberse, nos preguntamos hoy, dicha necesidad?

El naturalista acostumbra a investigar las causas, pensando que la explicación se encuentra siempre antes del efecto; pero a veces puede resultar conveniente buscar las razones de la existencia de algo no antes, sino por el contrario más allá de sus consecuencias. En el caso de las colecciones de insectos una necesidad conduce a otra, y la de cuidarlas no iba a ser excepción, puesto que inmediatamente obliga a poner todos los medios al alcance. ¿Con qué deseo? Con el de que dichas colecciones tengan un fin público. *"Mi meta siempre ha sido hacer accesibles a la sociedad las colecciones del Museo"* es el titular que destacaba, tanto en el encabezamiento de la entrevista como en el quehacer cotidiano de Isabel.

Como conservadora de la colección de entomología del Museo Nacional de Ciencias Naturales, Isabel Izquierdo se sabía depositaria del fruto de los desvelos y fatigas de muchos naturalistas, grandes nombres como Mariano de la Paz Graells, Ignacio Bolívar o Manuel Martínez de la Escalera y de otros entomólogos más modestos, muchos de ellos anónimos. Isabel sabía que su principal tarea era la custodia de un tesoro en potencia, porque la colección de insectos, resultado del trabajo de tantos autores durante los años, no constituye tesoro por sí misma. Es necesaria una conversión.

"Hacer accesibles a la sociedad las colecciones" significa eso: convertir una colección de insectos en un tesoro, en muchos tesoros. Una tarea que requiere cualidades

7

especiales y un quehacer continuo, perseverante, inacabable. Una labor de encantamiento que Isabel hacía con esmero en su trabajo diario. Siendo así, algún indicio debería haber en la mencionada entrevista acerca de las claves y habilidades que se necesitan para tarea tan especial.

Los autores participantes en este volumen, colegas, compañeros, amigos de Isabel, hemos sentido la necesidad de dejar por escrito algunas ideas que quedaron pendientes en nuestros encuentros y conversaciones con ella. Estamos de acuerdo en que hay algo especial, enigmático, en su labor. El giro que nos lleva a considerar como un tesoro a un conjunto de insectos atravesados por alfileres entomológicos es semejante al toque de una varita mágica o si se quiere un ejemplo más material, a la labor del artista que convierte un bloque de piedra en la viva imagen de una persona o en el desencadenante de una emoción.

En definitiva, hablamos de una labor de encantamiento. Podría haber en aquella entrevista, decíamos arriba, indicios de algunas de las claves necesarias para esta tarea. La primera es la familiaridad con las piezas: *"se crea una relación casi afectiva"*, se dice en algún punto de la entrevista. Desde ese momento los insectos dejan de ser entes vulgares y pasan a ser queridos, surge el vínculo especial. En segundo lugar, una documentación exhaustiva. La colección científica contiene datos que constantemente nos recuerdan que un insecto particular ha sido elevado a otra categoría: es un ser apreciado, y nuestro aprecio se acompaña con una serie de datos. Finalmente, una vez que el objeto ha sido elevado a un nivel superior, se ha de cerrar el círculo para que nos demos cuenta de que cada uno de esos ejemplares y otros similares que no hemos escogido para nuestra colección, sin necesidad de habernos familiarizado con ellos, ni de haberlos colmado con datos, ni de haberlos ensalzado a otro nivel, tienen un valor en sí mismos. Cada ser vivo tiene un interés propio, de igual valor al de aquel que primero escogimos, al cual nombramos y al que quisimos y cuyo mérito, en definitiva, consiste en que nos ha llevado a conocer a los otros que eran anónimos. Más allá de aquellos primeros, nuestros modelos, todo son imágenes. Así se cierra el círculo y queda confirmada la hipótesis inicial que proponía buscar las causas de algo no sólo antes de su existencia sino también más allá de sus consecuencias.

"Por esa puerta rara es la semana en que no entra una tentación", decía Isabel al final de la entrevista. Y es que las tentaciones, los objetos dignos de interés, se encuentran a ambos lados de la puerta. Ignorábamos, antes de atravesar por primera vez el umbral del despacho de Isabel Izquierdo, que nuestra llegada era esperada con la curiosidad y ansiedad del entomólogo. Años después, el análisis ha demostrado ser correcto: ella sabía entonces que llegaba una tentación, que se abrían nuevas perspectivas. Después hemos aprendido que la colaboración era fantástica, por estar basada en su generosidad.

Cuidar, conservar una colección de insectos ayuda a ver las partes del mundo apreciándolas. Las cosas que vemos nos llevan a amar las que no vemos y esto puede conducir a resultados que de otro modo habrían sido imposibles pero cada periodo histórico está compuesto por un conjunto de elementos que habrían sido considerados imposibles en épocas anteriores. Los naturalistas tenemos que dar muchas vueltas para comprender lo evidente, pero queremos verlo con nitidez, un compromiso moral que no debemos olvidar.

DE ABEJORROS, GRILLOS Y ARAÑAS A SAUCES SECOS. HISTORIAS DE CONSERVADORES

Paloma Blanco Fernández de Caleya

RESUMEN

Después de unos años ejerciendo en solitario de Conservadora en el Real Jardín Botánico de Madrid, el encuentro con Isabel Izquierdo y Carolina Martín en una conferencia organizada por la Sociedad de Amigos del Museo de Ciencias Naturales sobre la conservación de la colección de insectos del Museo fue como la luz al final del túnel. Cada cual con su vida, su circunstancia y su estilo, afrontando responsabilidades. Este artículo trata de pequeñas historias vividas sobre conservación de colecciones de Historia Natural, sobre todo botánicas.

INICIO

Primero me llamó la atención lo que se movía, abejorros, grillos, arañas, mariposas... y necesitaba mirarlos de cerca, tenerlos. No me preocupaba como se llamaban, ni sabía que tenían un nombre en latín. Sabía perfectamente donde los podía cazar, entre las telas de araña del desván de mis tías-abuelas, en el radiador del coche de mi padre cuando llegaba de viaje, cuando estaban libando los abejorros dentro de algunas flores, o metiendo una pajita fina en el agujero del grillo. Fui creciendo y amplié mi colección con murciélagos, mudas de culebras, etc. Como mis tíos, Carmen y Andrés, sabían todo lo que me gustaba, me fueron regalando ranas y peces. Un amigo de mis padres que vivía en el pinar me regaló una *Graellsia* y mi abuelo me proporcionó un cazamariposas casero, con el que conseguí cazar la "monarca" en Tenerife. Un poco más mayor, mi padre me regaló un pequeño microscopio con el que empecé a mirar alas de mosca y escamas de mariposas. Tita, mi tía Carmen, profesora de Ciencias del Liceo Italiano, me ayudó un verano a preparar por libre el examen de Ciencias Naturales de 5º de Bachiller, llevándome al Museo de Ciencias Naturales, pues había pasado todo el curso en Irlanda y no quería perder el año.

Aunque al elegir carrera tuve alguna duda, finalmente me decidí por las Ciencias Naturales. Empecé Biológicas en el curso 1967-1968, con nuevo plan de estudios. En segundo había que elegir rama, elegí "Fundamentales", pues yo quería saber todo lo relacionado con la naturaleza. En tercero, por fin, nos llevaron al campo; fue Salvador Rivas Martínez, el catedrático de Botánica y, gracias a él y a su equipo, Manolo Costa y Jesús Izco, descubrí lo bonito de la Sociología Vegetal, de la Geobotánica y la importancia de los nombres de las plantas que crecían en montañas, en desiertos, en cualquier parte. Eso me encantó y en lugar de abejorros y grillos empecé a colectar plantas; luego, con más entusiasmo, sauces y me interesó saber sus nombres desde el primero que les habían adjudicado.

CONSERVADORA DEL REAL JARDÍN BOTÁNICO

Mi madre me había dicho que le hubiera encantado haber sido archivera-bibliotecaria. Seguro que le habría alegrado saber que a mí se me presentó la oportunidad de ser Conservadora del Jardín Botánico de Madrid.

Tras la correspondiente oposición, al incorporarme al Botánico, en 1978, me dieron unas instrucciones claras de mis tareas y objetivos. Me encargaría del Herbario (MA[1]; Holmgren & al., 1990). Me enseñaron donde estaba mi despacho y quienes trabajarían conmigo, Conrada Martínez y Francisco Gordillo.

---

[1] MA son las siglas internacionales del Herbario del Real Jardín Botánico de Madrid.

12

En el Herbario heredé unos grandes ficheros, uno de ellos con la correspondencia de la anterior Conservadora que había sido toda una institución, Doña Elena Paunero Ruiz (Blanco y Blanco, 2007 y Blanco y Montserrat, 2007). A través de la correspondencia que se mantenía desde el Herbario del Jardín Botánico con instituciones botánicas de todo el mundo, con botánicos en particular y con otras instituciones o personas interesadas en el mundo de las plantas, aprendí qué especies se pedían, se prestaban, se intercambiaban, los préstamos pendientes de devolución y un sinfín de historias. Lo que más nos solicitaban en préstamo eran ejemplares de las colecciones históricas americanas de Ruiz y Pavón, de Sessé y Mociño, etc. Para completar esa información busqué datos en los cuadernos de entradas y salidas de la correspondencia del Centro. Hoy día no me imagino cómo ni donde se puede guardar toda la correspondencia referente al Herbario MA que se genera a través de los móviles y de los correos electrónicos personales e institucionales.

Las distintas colecciones del Herbario estaban ordenadas cada una a su manera. En la planta alta se encontraban, en armarios de madera, los herbarios de Criptogamia, el General Antiguo, el Tropical, el de Ruiz y Pavón, el de Sessé y Mociño, el de Mutis, y los Géneros Nuevos (que presentaban gran dificultad para intercalar en el Herbario General). Por una escalerilla interior también se podía bajar al Herbario General, que estaba ordenado siguiendo el sistema filogenético de Engler (Engler, 1892 y Engler & Prantl (eds.); 1887-1915), establecido por Doña Elena en 1946 y por lo que había sido felicitada en muchas ocasiones. Durante muchos años ese orden fue un modelo muy valorado y también empleado en otros herbarios. Para buscar en él se utilizaba un cuadernillo donde aparecía cada familia y cada género con un número y por ese número se encontraba cada especie en los estantes de unos armarios metálicos compartimentados; si se perdía el cuadernillo, la búsqueda de los ejemplares era difícil. Por la planta baja se amontonaban los paquetes de plantas de Filipinas, el Herbario de Isern, y por allí, debajo de los estantes, se colocaban botes con agua para que las ratas acostumbradas al raticida Ibis, se cayeran y se ahogaran. Tesoros escondidos esperando ser reencontrados. Ya no vivía Franco y estábamos en plena "transición", con muy poco dinero para todo lo que se necesitaba hacer en una Institución como el Real Jardín Botánico, perteneciente al Consejo Superior de Investigaciones Científicas (CSIC), con un Jardín que debería estar abierto al público igual que estaba su Biblioteca, Archivo y Herbario. Aun así, fue una época en la que, como el Ave Fénix, el Jardín Botánico empezaba a resurgir (Sáenz Laín, 2005).

Al año, en 1979, me nombraron responsable de la Unidad de Servicio Herbario. Fue una época con muchísima ilusión, en la que todos queríamos colaborar. Lo más importante era poner el Jardín en condiciones para poder abrirlo al público y así conseguir fondos suficientes para contratar jardineros, resolver los problemas del agua, conseguir sanear árboles y arbustos y traer más plantas. Salíamos de excursión con el Land Rover del Centro cargado de palas y tiestos de barro de todos los tamaños y, después de haber hecho un buen recorrido por cualquier parte de España, volvíamos con ellos repletos de plantas vivas interesantes y con ejemplares prensados para el Herbario.

Todo era interesante e importante. El Jardín fue cambiando poco a poco por la incorporación de distintas personas. Hasta mayo de 1984 fui "Jefa" de la Unidad de Servicio Herbario y durante ese tiempo intenté solucionar, con más o menos éxito, los diferentes problemas que iban surgiendo. Fueron años intensos que también trajeron encuentros estupendos.

DE VISITAS Y VIAJES

La atención al público fue toda una experiencia, pues la mayoría eran personas especializadas e interesadas.

Conocer a botánicos de cualquier país que venían a estudiar nuestras colecciones fue fantástico. Una de las primeras visitas que recuerdo con más cariño fue, en el verano de 1978, la de José Cuatrecasas Arumí (1903-1996), tan amable y entrañable (López Sánchez, 2016/2017). Vino al Botánico de Madrid de paso hacia Barcelona donde estaba su familia, pues seguía preocupado con lo que aquí había pasado desde su exilio en 1939 (Otero Carvajal & López Sánchez, 2012). [2] Le interesó saber lo que se hacía en el Herbario y me trasladó su inquietud por las colecciones históricas, sobre todo por las menos estudiadas como eran las de Mutis (Nueva Granada 1783-1810) y la de su paisano Juan Isern (Comisión Científica al Pacífico 1862-1866). Para actualizar esta última colección me sugirió que estableciéramos un convenio con los distintos países por donde había transcurrido la expedición para que estudiaran esos ejemplares que estaban sin identificar. Así contactamos con los editores de la Flora de Ecuador, en ese momento uno de los equipos más activos, y enviamos al Herbario del Museo Botánico de Götteborg (Suecia; GB), los ejemplares de Ecuador del Herbario Isern. Después de un tiempo, poco a poco nos fueron devolviendo los ejemplares únicos pues habíamos seleccionado duplicados para ellos a cambio de las actualizaciones nomenclaturales.

Guardo otros muchos y buenos recuerdos de aquellas visitas. Quizá al principio me impactaron más, como la de Martha Ortega, del Herbario Nacional del Instituto de Biología de la Universidad Autónoma de México (MEXU), que se emocionaba al ver las criptógamas del Herbario de Sessé y Mociño, o luego la de Peter Gutte,

---

[2] Ver "El Real Jardín Botánico de Madrid" páginas 895-975.

15

Dorothea L. Schulz y Christa Müller, del Herbario de la Universidad Karl-Marx de Leipzig (LZ), que me enseñaron a reconocer algunas letras de las etiquetas del herbario de Ruiz y Pavón.

Me gustaba viajar, sobre todo con mi familia, pero luego también con colegas o sola. En el verano de 1980, y aprovechando los consejos de Cuatrecasas sobre el Herbario de Mutis, nos fuimos toda la familia a Colombia, para bautizar a nuestra segunda hija, Gimena, en Popayán, cuna de Francisco José de Caldas y Tenorio (1768-1816) y de nuestra amiga Amalia Zapata, que junto a su marido Juan Martínez serían los padrinos de nuestra hija. Aprovechamos esa estancia para conocer Cali, Medellín, Cartagena de Indias y Bogotá, desde donde Amalia nos llevó en su coche hasta Popayán, pasando las Cordilleras por los altos páramos en donde me emocionó conocer las espeletias de Cuatrecasas. En Bogotá conocí a Álvaro Fernández Pérez, quien entre otros, había participado en 1964 en el Convenio para recibir en Colombia el primer envío de la colección de Mutis que Doña Elena Paunero hizo desde el Botánico de Madrid, para que fuera estudiado por los conocedores de la Flora colombiana. También visitamos el Instituto de Ciencias Naturales y su Herbario Nacional Colombiano (COL), donde tenían desde ese año, 1964, duplicados del Herbario Mutis y ejemplares únicos pendientes de devolver al Botánico de Madrid. Allí conocí a Enrique Forero, Santiago Díaz Piedrahita y Roberto Jaramillo, quien nos enseñó el armario metálico donde tenían los ejemplares de Mutis, los suyos y los nuestros.

A partir del 12 de mayo de 1982, la responsabilidad científica de la publicación de la "Flora de la Real Expedición Botánica del Nuevo Reino de Granada (1783-1816), promovida y dirigida por José Celestino Mutis", recayó en el ya mencionado Instituto de Ciencias Naturales de Bogotá y en el Jardín Botánico de Madrid, donde, como Conservadora, actué de Coordinadora científica y ayudé en la edición de 8 volúmenes, responsabilidad que corría a cargo del Instituto de Cooperación Iberoamericana, cuyo Vicepresidente, Inocencio Arias, fue un honor conocer. Con ese motivo se inició una abundante correspondencia con otros botánicos colombianos como Polidoro Pinto, Luis Eduardo Mora Osejo, Jaime Aguirre, Rafael Castillo, Favio González G., Mª Teresa Murillo y Clara Inés Orozco.

Desde 1981 fui miembro de la Comisión para Colectores y Herbarios, grupo de trabajo de OPTIMA (Organización para el estudio fitotaxonómico del área mediterránea), y me encargué de localizar y actualizar la información de todos los centros institucionales y particulares de España y Portugal, que tuvieran colecciones botánicas con contenido en Flora Mediterránea. Esos datos fueron en parte utilizados para la elaboración de la 8ª edición del "Index Herbariorum. Part I: The Herbaria of the world" (Holmgren et al., 1990), preparado en el Jardín Botánico de Nueva York. Me sentía muy orgullosa colaborando en algo tan internacional, aunque sólo fuera aportando una lista de nombres de los Herbarios de dos países. El responsable de ese grupo era Guido Moggi, Director del Museo Botánico de la Universidad de Florencia, al que fui conociendo en los diversos congresos de OPTIMA que se fueron celebrando en Sicilia (Italia), Estambul (Turquia), Delfos (Grecia), y del que llegué a acumular una correspondencia muy interesante que continuó, incluso después de su jubilación, a través de Chiara Nepi, conservadora del Herbario (FI), donde se custodia la extraordinaria colección de Philip Baker Webb.

Continué visitando herbarios por cualquier lugar del mundo por donde tenía la posibilidad de viajar. Comprobé que las colecciones siempre están en peligro de guerras, de mudanzas, de obras, de inundaciones, de ratones, de insectos, de viajar como préstamos o intercambio a otras instituciones, y que en muchos

17

herbarios, aprovechando las vacas gordas, habían conseguido preservarlos para cualquier inclemencia. Algunos eran inmensos, antiguos, ocupando varias salas, con diferentes colecciones según se tratara de flora del país o no, y se veían bien dotados de personal y medios, incluso los había guardados dentro de un búnker. Otros eran pequeños, conservados más o menos precariamente según las condiciones meteorológicas del lugar, pero normalmente solían ser el resultado del esfuerzo, interés e ilusión personal de alguien. Ejemplo de uno de ellos en España, es el Herbario (JACA), del Instituto Pirenaico de Ecología, CSIC, iniciado por Pedro Montserrat y luego con Luis Villar, hoy día extraordinariamente bien conservado. Otro tipo de colección, en este caso más personal, es el Herbario de Cantabria de Enrique Loriente (1931-2000), que se integró en el Herbario (MA; Blanco Fernández de Caleya, 2001).

Gracias a esos viajes comprobé que nuestras colecciones eran muy valoradas y nuestro Herbario, aunque visto desde cerca tenía problemas, no era de los peores conservados. En esas visitas conocí a personas que tenían las mismas tareas y responsabilidades que yo y gracias a ellos incorporé algunas novedades en el Herbario del Botánico. Había que realizar muchas tareas, todas interesantes, y acometerlas con poco personal. Entre ellas surgió la necesidad de trasladar el Herbario a una nueva planta recién construida, había que mover cada una de las colecciones a otro lugar. Se optó por integrar en el Herbario General, el Herbario General Antiguo, el Tropical, el de Géneros Nuevos (imposible de incluir hasta entonces pues esos nombres no aparecían en el Sistema de Engler y no se les podía adjudicar número alguno) y el de plantas del extranjero. Además se cambió el orden filogenético de Doña Elena Paunero, por el sistema alfabético de familias, géneros y especies, mucho más sencillo para todos los que trabajaban en el Herbario.

En nuestro título de funcionario de carrera, expedido por el Ministerio de Cultura figura "Del Cuerpo de Plaza No Escalafonada. Conservador del Real Jardín Botánico de Madrid." A finales de 1983, ante la noticia de que nos iban a trasladar del de Cultura al de Educación y Ciencia, los dos Conservadores del Botánico, Antonio Regueiro y yo, intentamos que no nos cambiaran de Ministerio. Nos parecía que en Cultura sabían más de nuestras funciones y nos podían apoyar mejor, como lo habían demostrado dándonos facilidades para asistir a reuniones y congresos relacionados con nuestro trabajo y sobre todo, con algunas dificultades que tuvimos con la colección de Filipinas. Solicitamos que nos incorporaran al Cuerpo de Conservadores de Museos.

Con Antonio García-Valdecasas, que en mayo de 1984 había conseguido una plaza igual que las nuestras de Conservador en el Museo de Ciencias Naturales, volvimos a solicitar que nos integraran en el Cuerpo de Conservadores de Museos por la:

> Ley 30/1984 de 2 de agosto de medidas para la reforma de la Función Pública (BOE nº 185, 3-VIII-84) que establece en su disposición adicional primera la extinción de las plazas no escalafonadas y su integración en los cuerpos o escalas que tengan asignados igual titulación académica y funciones y retribuciones similares.

Nos hicieron toda clase promesas de que nos integrarían en los cuerpos correspondientes pero, finalmente, nos trasladaron al Ministerio de Educación y Ciencia, donde se encontraba el CSIC. En marzo de 1989 se habían finalizado los trabajos de revisión de la Relación de puestos de trabajo del personal del CSIC y recibí un escrito de la Secretaria General del CSIC, donde me decía que se me había asignado el Código del Puesto: 10505 y el Nivel de Complemento de Destino: 27. Me puse contentísima ! pero... todo quedó en agua de borrajas. En 1993 mi puesto de trabajo quedó como Técnico Superior

N27 A.A. En 1999 se convocaron pruebas selectivas para el ingreso, por promoción interna, en la Escala de Científicos Titulares del CSIC, y me pareció que tenía derecho a que me integraran en ese Cuerpo. Tampoco lo conseguí, aunque incluso llegué al Contencioso Administrativo. Hubiera sido un milagro, ya que anteriormente otras personas, con un *curriculum vitae* mucho más amplio que el mío ya lo habían intentado y tampoco conseguido.

En fin, siempre tuve esa pega, pero, como no hay mal que por bien no venga, ello me dio libertad para disfrutar de otras muchas cosas.

PARECÍA IMPOSIBLE

Me absorbía tanto mi trabajo en el Herbario que me costó acabar la tesis sobre el género *Salix* L. Tuve la suerte de que en el Claustro Científico del 10 de diciembre de 1984, se valoró la investigación como la actividad más importante del Jardín y se propuso que todos los miembros del Claustro, en donde estábamos incluidos los dos Conservadores, deberíamos tener la obligación y la oportunidad de investigar, debiendo los no doctores, contar con un plazo razonable para hacer la tesis doctoral. A los dos años defendí la mía, que fue publicada en la Editorial de la Universidad Complutense de Madrid (Blanco Fernández de Caleya, 1988). Las dificultades que encontré en los sauces, me hicieron pensar que en mi trabajo diario debería hacer algo práctico, algo útil, por eso lo principal fue saber qué había en cada colección del Botánico para valorarlo y darlo a conocer. La idea surgía de la obra "A Catalogue of the Linnaean Herbarium" (Savage, 1945), que había utilizado para buscar los tipos del género *Salix*. Luego vendría la verificación y después la validación de los nombres, para lo cual deberíamos facilitar a los especialistas la tarea, publicando los catálogos de cada una de las colecciones históricas, que no estaban hechos al incorporarme al Botánico en 1978. El capítulo "Paradojas y perplejidades de un taxónomo" (Lloris Samo, 2015), ayuda a "revitalizar" el estado actual de la taxonomía. Ojalá que nos sirviera a todos de recordatorio.

El encuentro con lo que parecía imposible fue cuando, a mediados de 1984 en el Jardín Botánico, nos hicieron presentar a los dos Conservadores un proyecto con lo que pretendíamos hacer en los siguientes cuatro años. Esa convocatoria fue con motivo del Programa Movilizador "España-América" del CSIC.

> Se había planteado la conveniencia de aportar esfuerzos y medios para mejorar las investigaciones en el terreno de los estudios históricos acerca de la historia de la Cultura y de la Ciencia, referente a las relaciones entre el viejo y el nuevo mundo… Colaboración entre instituciones dedicadas al estudio histórico y al científico… Cualquier esfuerzo encaminado a salvar nuestro patrimonio científico nos parece de primera importancia, pues por siglos nadie ha tendido una mano para el cuidado de los tesoros que nuestra tradición científica ha acumulado… (Peset, 1989).

Presentamos nuestro proyecto "Identificación de los Tipos en los Herbarios Históricos del Real Jardín Botánico", que fue aprobado como un sub-proyecto de "Relaciones culturales y científicas entre España y América", cuyo Investigador Principal era José Luis Peset. Eso nos animó profesionalmente y nos dio la oportunidad de estar coordinados y de ponernos en contacto con personas del Centro de Estudios Históricos del CSIC, que investigaban en Historia de la Ciencia y tenían un gran conocimiento de la Historia de la Botánica y de los Botánicos. Trabajaban con los mismos objetivos e intereses que nosotros y tuvimos la gran suerte de que José Luis Peset estuvo interesado por nuestro trabajo y de él recibimos continuo apoyo moral y material.

Gracias a ese Proyecto de Investigación se puso en marcha el estudio de los herbarios históricos. Además del presupuesto concedido para el proyecto hubo dos ayudas complementarias para el Jardín Botánico, una para la adquisición de libros fundamentales sobre Flora Americana de los que no se disponía en la Biblioteca y otra, para invitar a botánicos que vinieran a estudiar el Herbario de Mutis a la vez que sus láminas y continuar con la publicación de la "Flora de la Real Expedición Botánica del Nuevo Reino de Granada …". Así pudimos invitar a José Cuatrecasas quien en junio de 1985, estuvo en el Botánico asesorándonos en nuestro recién concedido proyecto, y además pudo estudiar parte de las láminas y herbario de las compuestas de la colección Mutis. En 1987, lo mismo realizó Quiñones, de la Facultad de Agronomía de la Universidad Tecnológica de Los Llanos Orientales, Villavicencio (Colombia), en este caso especialista colombiana en leguminosas. También se pudo preparar la edición de la Flora Huayaquilensis, en manos del entrañable amigo Eduardo Estrella (Estrella, 1989).

Con el Plan Movilizador inicié mi participación en seminarios, reuniones de historiadores de la Ciencia, en coloquios y congresos.

Pero lo mejor de todo fue cuando en 1987, Miguel Ángel Puig-Samper obtuvo la plaza de Colaborador Científico del CSIC en el Jardín Botánico y se creó la Unidad Estructural de Investigación de Historia y Documentación Botánica, de la cual fue jefe. Gracias al carácter empático de Miguel Ángel, inteligente, abierto, generoso y aglutinante, comenzamos a trabajar en las colecciones históricas y a obtener resultados muy interesantes.

En 1989 se publicaron los trabajos finales del Programa Movilizador "España y América", entre ellos, el nuestro de "Identificación de los tipos …" (Blanco Fernández de Caleya, 1989), donde describía lo realizado hasta entonces y lo que se debería seguir haciendo. Esos

22

objetivos se continuaron gracias al Proyecto de Investigación "El Real Jardín Botánico y las Expediciones a América" cuyo Investigador Principal fue Miguel Ángel Puig-Samper, con un equipo mayor de investigadores, con perspectivas más amplias y con la esperanza de que nuestro trabajo sobre conservación y estudio de las colecciones históricas que forman parte del Patrimonio Histórico, fuera apoyado desde dentro del Real Jardín Botánico.

Aunque Miguel Ángel finalmente se trasladó a otro Instituto del CSIC, continué vinculada gracias a los diferentes Proyectos de Investigación de los que siguió siendo Investigador Principal y en los que siempre me siguió invitando a participar.

El primer resultado de nuestro proyecto de investigación que intentamos publicar tuvo sus dificultades. Se trataba del catálogo del Herbario de Mutis. A nuestra solicitud de publicación en 1990, recibimos de la ANEP, a través del Subdirector General de Promoción de la Investigación, lo siguiente:

> … la información es potencialmente interesante solamente para un número muy reducido de botánicos, apenas los que han de consultar el Herbario Mutis agradecerán su existencia… lo importante es saber qué materiales recogió Mutis que pueden ser de utilidad para la ciencia, pero no sería lícito publicar un original de 436 págs., solamente para celebrar nuestras buenas relaciones con el continente americano o para demostrar lo que se ha trabajado en la ordenación y catalogación de unos materiales cuya descripción apenas si es rentable científicamente…

Menos mal que insistimos para que el trabajo no se perdiera como tantos otros y conseguimos su publicación en *Fontqueria* 32 (Blanco Fernández de Caleya & del Valle Stervinou, 1991), gracias a Javier Fernández Casas que lo mejoró en la edición. José Cuatrecasas, que sí que conocía la historia de Mutis y su herbario, nos felicitó por

23

ese trabajo y, más tarde, con Miguel Ángel Puig-Samper al frente de Publicaciones del CSIC, lo mejoramos y actualizamos en una nueva edición (Blanco Fernández de Caleya & del Valle Stervinou, 2009).

De contactos casuales surgieron empatías que llegaron a ser motivo de publicaciones interesantes, entre ellas quiero destacar a la Dra. Ramona Oviedo, del Instituto de Ecología y Sistemática de Cuba, mujer trabajadora y extraordinaria que conocí en junio de 1990 en el V Congreso Latinoamericano de Botánica en La Habana. Allí presenté nuestro Herbario de Mutis y, en nombre de mis compañeros de la UEI Historia y Documentación, la "Cubensis Prima Flora" (Fernández Casas, Puig-Samper & Sánchez García (eds.; 1990. Gracias a otros dos Convenios con aquel país, la Dra. Oviedo estuvo de intercambio en el Botánico de Madrid y publicamos varios artículos sobre las colecciones cubanas del Herbario MA y, finalmente, las "Salicáceas" para la Flora de la República de Cuba (Blanco Fernández de Caleya y Oviedo Prieto, 2008).

En 1997, con Graciela Zamudio, de la Facultad de Ciencias de la Universidad Nacional Autónoma de México, buscando por todo el herbario de Sessé y Mociño, plantas con datos de Cuba y Puerto Rico (Blanco Fernández de Caleya & al., 2000), coincidimos con Adolfo Espejo Serna y Ana Rosa López Ferrari de la Universidad Autónoma Metropolitana de Iztapala, Herbario (UAMIZ) y acabamos resolviendo juntos un problema del género *Salvia* de ese Herbario (Blanco, Espejo Serna & López Ferrari, 1999). A partir de entonces comenzamos a trabajar juntos en la actualización nomenclatural del Herbario de la Expedición Botánica de la Nueva España (Sessé y Mociño; Blanco Fernández de Caleya, Espejo Serna & López Ferrari, 2010) y luego en la colección mexicana colectada por Luis Neé durante la Expedición Malaspina (Espejo Serna & al., 2016).

En el Museo Nacional de Ciencias Naturales, con la iniciativa de Emiliano Aguirre y luego de Concha Sáenz Laín, se empezaron a crear plazas para ocuparse de las diferentes colecciones que se integraron en el Cuerpo de Titulares Especializados del CSIC y, gracias a la Sociedad Amigos del Museo Nacional de Ciencias Naturales, cada uno de ellos ofrecía conferencias sobre las colecciones del Museo de las que estaban encargados. En 1996, entre otros conservadores, un día oí a Pepa Barreiro, hablando de unos huesos de ballena a los que había personas que se subían para tender la ropa en la azotea del Museo de Ciencias; otro día escuché a Isabel Izquierdo que presentaban su conferencia sobre la conservación de la colección de insectos del Museo junto a Carolina Martín. Qué bárbaro, las comprendía perfectamente, cada una con su vida, su circunstancia, su estilo y con su colección afrontando responsabilidades. Fue genial, como la luz al final del túnel.

Coincidí con ellas en el proyecto "Servidor de información *world wide web* de la Comisión Científica del Pacífico II. Sistemas de difusión digital del patrimonio cultural (12-XII-2001/12-XII-2003)", cuyo Investigador Principal era Leoncio López Ocón, y en el que participé aportando parte del trabajo que tenía entre manos desde hacía muchos años sobre el Herbario de Isern de la Comisión Científica del Pacífico (1862-1866) y que, también gracias a Miguel Ángel Puig-Samper, se editó en las Monografías del Real Jardín Botánico de Madrid CSIC (Blanco Fernández de Caleya, Rodríguez Veiga Isern & Rodríguez Veiga Isern, 2006).

FINAL

Gracias al Plan Movilizador de 1984 me puse en marcha para saber qué había dentro de las colecciones del Jardín Botánico y valorarlas. Las publicaciones más completas relacionadas sobre las colecciones históricas del Herbario del Jardín Botánico de Madrid en las que he participado, siempre han visto la luz gracias a personas que no pertenecen al Real Jardín Botánico de Madrid, como José Luis Peset y Miguel Ángel Puig-Samper. Por último, gracias a Andrés Galera, quien anteriormente ya me había invitado a participar en otro proyecto, formamos unos cuantos colegas parte del grupo nº 8, del Programa Consolider-Ingenio 2010, proyecto de investigación *Expedición de Circunnavegación Malaspina 2010: Cambio Global y Exploración de la Biodiversidad del Océano Global*, dirigido por Carlos Duarte. Uno de cuyos resultados ha sido "El Arca de Neé. Plantas recolectadas por el botánico Luis Neé durante la Expedición Malaspina" (Galera, 2016).

Pasado el tiempo es fácil hacer balance de lo bueno. A través de viajes, congresos, excursiones botánicas, en las visitas a otros herbarios o en el propio Jardín Botánico he conocido a compañeros extraordinarios que merecen la pena y a otras muchas personas estupendas relacionadas con la botánica y, con algunas de ellas, he llegado a hacer trabajos muy interesantes. No todas ahora están por aquí, pero las sigo recordando con muchísimo cariño y admiración y forman parte de mi vida.

La imagen que tengo de Isabel Izquierdo es de una mujer sonriente y simpática hablando de su trabajo con Carolina Martín e invitándome a participar en temas bonitos en los que he disfrutado y me he divertido. Seguro que también tuvo muchas dificultades para llevar a cabo su trabajo, pero peleó y su resultado final es extraordinario.

Me quedó pendiente hablar con ella de nuestras familias, de cómo lo pudo compatibilizar con su trabajo. Me hubiera gustado preguntarle si había influido su trabajo en sus hijos; yo le hubiera contado que a nuestra hija mayor le afectó tanto mi dedicación a la Botánica y a los Botánicos, que en cuanto pudo se apartó de las ciencias naturales y se dedicó a las letras puras. También le hubiera dicho que hoy día intento enmendarlo recolectando por el campo con mis nietos huesos, plumas, insectos, piedras, o cualquier cosa que nos parezca bonita o curiosa y las guardamos en las mismas cajas de puros que antaño, o en botes de cristal. Aunque también les hemos llevado al Museo Nacional de Ciencias Naturales de Madrid, visitamos más a menudo un pequeño e interesante Museo de la Naturaleza, en El Barraco (Ávila), donde me siento como en casa.

Por el campo sigo disfrutando de las plantas y me salen de carrerilla algunos nombres latinos que aprendí hace años de memoria. Me ilusiona pensar que en cualquier momento pasearé por cualquier valle o montaña y me encontraré otra vez con mis sauces. Pero, sigo sin saber el nombre en latín de los insectos.

GRACIAS, ISABEL!

Post Data

También agradezco a Emilio Cervantes, a Ramón Morales y a Carlos Muñoz-Repiso la corrección del manuscrito original y, sobre todo, a Carolina Martín que me ayudara a limpiar los puntos negros del camino.

BIBLIOGRAFÍA

BLANCO FERNÁNDEZ DE CALEYA, P. (1988). *El Género Salix L. (Salicaceae) en España*. Colección Tesis Doctorales nº 30/88. Editorial de la Universidad Complutense de Madrid.

BLANCO FERNÁNDEZ DE CALEYA, P. (1989). "Identificación de los tipos en los herbarios históricos del Jardín Botánico de Madrid". En: PESET, J. L. (Coord.). *Ciencia, Vida y Espacio en Iberoamérica. Estudios sobre la Ciencia*. CSIC, Vol. I., pp. 207-234.

BLANCO FERNÁNDEZ DE CALEYA, P. (2001). "Enrique Loriente Escallada (1931-2000), un botánico independiente y feliz." *Boletín de la Asociación de Herbarios Ibero-Macaronésicos*, 5, pp: 13-19. Jaca, Huesca (España).

BLANCO FERNÁNDEZ DE CALEYA, P. & A. DEL VALLE STERVINOU (1991). "Herbarium Mutisianum seu Catalogus Plantarum a Novagranatensi Regia Legatione, sub Iosephi Caelestini Mutisii Auctoritate Lectarum, Adduntur Aliae Ab ipso Lectae." *Fonqueria*, 32, pp. 1-173.

BLANCO FERNÁNDEZ DE CALEYA, P. & A. DEL VALLE STERVINOU . (2009). *Herbarium Mutisianum*. Real Jardín Botánico, CSIC.

BLANCO, P. y E. BLANCO (2007). "Elena Paunero Ruiz, Centenaria." *Boletín de la Real Sociedad Española de Historia Natural. Actas*, 104, pp. 23-32.

BLANCO, P., A. ESPEJO SERNA Y A. R. LÓPEZ FERRARI (1999). "*Salvia purpurea* y *S. viscosa* (Labiatae) en Cuba." *Anales del Jardín Botánico de Madrid*, 57 (1), pp. 169-170.

BLANCO FERNÁNDEZ DE CALEYA, P., A. ESPEJO SERNA Y A. R. LÓPEZ FERRARI (2010). *Herbario de la Real Expedición Botánica a Nueva España (1787-1803)*. Real Jardín Botánico, CSIC.

BLANCO FERNÁNDEZ DE CALEYA, P. & P. MONTSERRAT RECODER (2007). "Elena Paunero Ruiz, Conservadora de Herbarios del Jardín Botánico de Madrid (1928-1973), Centenaria". *Boletín de la Asociación de Herbarios Ibero-Macaronésicos*, 8-9. pp. 24-30.

BLANCO FERNÁNDEZ DE CALEYA, P. & R. OVIEDO PRIETO (2008). "Salicaceae". *Flora de la República de Cuba*. 14 (4), pp. 1-11. Koeltz Scientific Books.

BLANCO FERNÁNDEZ DE CALEYA, P., M. Á. PUIG-SAMPER MULERO, G. ZAMUDIO VARELA, M. VALERO GONZÁLEZ Y J. L. MALDONADO POLO. (2000). *Exploración Botánica de las Islas de Barlovento: Cuba y Puerto Rico. Siglo XVIII. La obra de Martín de Sessé y José Estévez.* Theatrum Naturae. Ediciones Doce Calles/CSIC.

BLANCO FERNÁNDEZ DE CALEYA, P., D. RORÍGUEZ VEIGA ISERN Y P. RODRÍGUEZ VEIGA ISERN (2006). *El Estudiante de las Hierbas. Diario del botánico Juan Isern Batlló y Carrera (1821-1866). Ruizia* 18.

ENGLER, A. (1892). *Syllabus der Planzenfamilien eine Übersicht über das gesamte Pflanzensystem mit Berücksichtigung der Medicinal- und Nutzpflanzen nebst einer Übersicht über die Florenreiche und Florengebiete der Erde zum Gebrauch bei Vorlesungen und Studien über specielle und medicinisch-pharmaceutische Botanik.*

ENGLER, H. G. A. & K. A. E. PRANTL (eds.) (1887-1915). *Die natürlichen Pflanzenfamilien nebst ihren Gattungen und wichtigeren Arten insbesondere den Nutzpflanzen, unter Die natürlichen Pflanzenfamilien.* Leipzig: Verlag von Wilhelm Engelman.

ESPEJO SERNA, A., A. R. LÓPEZ FERRARI, M. C. PRADA, A. MENDOZA RUIZ Y BLANCO FERNÁNDEZ DE CALEYA, P. (2016). "Caminando las tierras de Nueva España. Flora y Vegetación Mexicanas." En: A. Galera (ed.). *El Arca de Neé. Plantas recolectadas por el botánico Luis Neé durante la Expedición Malaspina.* Real Jardín Botánico, CSIC. pp. 61-88.

ESTRELLA, E. (1989). "Introducción histórica: la expedición de Juan Tafalla a la Real Audiencia de Quito (1799-1808) y la Flora Huayaquilensis" EN: J. TAFALLA, *Flora Huayaquilensis sive descriptiones et icones plantarum Huayaquilensium secundum systema linnaeanum digestae,* ICONA, MAPA, et ab Horto Regio Matritense, CSIC. Tomo I, pp. XV-CVI.

FERNÁNDEZ CASAS, J., M. Á. PUIG-SAMPER & F. J. SÁNCHEZ GARCÍA (eds.). (1990). "Cubensis prima flora seu descriptiones diversorum generum specierumque insuate Cubae plantarum quas Regia Guantanamensis Legatio inspexit, secundum manuscriptum Balthasaris

Boldo et Josephi Estévez, Josephi Guío tabulis additis, his atque illo in Horto Regio Matritensis asservatis, cum prooemio, observationibus indicibusque variis locuplelata". *Fontqueria* 29, pp. 1-203

GALERA, A. (ed.) (2016). *El Arca de Neé. Plantas recolectadas por el botánico Luis Neé durante la Expedición Malaspina.* Real Jardín Botánico, CSIC.

HOLMGREN, P. K., N. H. HOLMGREN & L. C. BARNETT (eds.). (1990). *Index Herbariorum. Part I: The Herbaria of the World.* 8th ed. *Regnum Vegetabile* 120.

LÓPEZ SÁNCHEZ, J. M. (2016/2017). *En tierra de nadie. José Cuatrecasas y el exilio republicano de 1939.* Ediciones Doce Calles.

LLORIS SAMO, D. (2015) "Paradojas y perplejidades de un taxónomo". En: E. Cervantes Ruíz de la Torre (ed.). *Naturalistas en Debate. Arbor Anejos* 9. pp. 67-89.

OTERO CARVAJAL, L. E. & J. M. LÓPEZ SÁNCHEZ (2012). *La lucha por la modernidad. Las Ciencias Naturales y La Junta para Ampliación de Estudios.* CSIC. Publicaciones de la Residencia de Estudiantes. pp. 895-1165.

PESET, J. L. (1989). "Presentación". En J. L. Peset (Coord.). *Ciencia, Vida y Espacio en Iberoamérica. Estudios sobre la Ciencia.* CSIC. Vol. I., pp. IX-XIII.

SÁENZ LAÍN, C (2005). "La renovación del Real Jardín Botánico (1974-2005)". *El Jardín Botánico de Madrid (1755-2005). Ciencia, Colección y Escuela.* CSIC Real Jardín Botánico, Lunwerg editores y Caja Madrid. pp. 47-59.

SAVAGE, S. (1945). *A Catalogue of the Linnaean Herbarium.* London. Taylor & Francis, Ltd.

LA COLECCIÓN DE ICNEUMÓNIDOS DEL MUSEO NACIONAL DE CIENCIAS NATURALES: UN VALIOSO FONDO PATRIMONIAL

Carmen Rey del Castillo

RESUMEN

La colección de insectos himenópteros de la familia Ichneumonidae que se conserva en el MNCN es un fondo patrimonial que se cuenta entre los recursos científicos más interesantes y desconocidos de la institución. Esta familia destaca por ser uno de los grupos zoológicos de mayor riqueza específica, con más de 35.000 especies descritas en el mundo, de las que aproximadamente 1.800 se encuentran en España.

En este trabajo se presenta la colección de icneumónidos conservada en el MNCN estimada en más de 60.000 ejemplares. El estudio se enmarca con un enfoque histórico, proporcionando información sobre la época y circunstancias en que se incorporan los ejemplares a la colección, su procedencia geográfica, desarrollo de la misma, y datos de los principales colectores y especialistas responsables de las identificaciones. Entre estos expertos destacan dos que además fueron responsables de la colección de entomología del Museo. En primer lugar el Dr. Gonzalo Ceballos y más recientemente la Dra. Isabel Izquierdo, quien en el año 1972 comenzó sus estudios taxonómicos y faunísticos y en 1987 pasó a ser Conservadora de la Colección de insectos del Museo. Ambos autores dedicaron sus investigaciones taxonómicas al estudio de distintos grupos de icneumónidos, trabajos que se plasmaron en numerosas publicaciones al respecto, y contactaron con los principales especialistas en la materia de todo el mundo, facilitaron las consultas, prestamos, intercambio de material, colaboraciones, proyectos, etc. propiciando, en definitiva, el incremento del valor científico de la colección.

INTRODUCCIÓN

La primera descripción de la Colección de Entomología del Museo Nacional de Ciencias Naturales en su conjunto, considerada una de las diez más importantes de Europa y la primera a nivel nacional por su valor científico, representación geográfica y número de ejemplares conservados, fue presentada en el trabajo de Izquierdo et al. (1997) ya que hasta entonces *«nunca había dispuesto de un catálogo o inventario completo en el que figuraran registros de sus fondos y que se utilizara como un sistema de acceso al material y fuente de información sobre el mismo»*. En dicho trabajo se recoge, entre otros aspectos, información sobre su historia, volumen, valor científico y composición taxonómica y faunística de la colección, con el objetivo de ofrecer una visión general del material conservado, proporcionado así la información que fuera más útil para conocimiento de los usuarios.

El inventario e informatización correspondiente al orden Hymenoptera alcanzaba en esas fechas aproximadamente un 53% del material conservado en seco, ~~unos 173.500 ejemplares, estimán~~dose en alrededor de

[3] En las observaciones referidas a la familia Ichneumonidae se indica que, como para otros grupos, la ordenación del material en seco y preparaciones miscroscópicas se realizaba siguiendo criterios taxonómicos y geográficos, de forma que existen, tres sub-colecciones: ibérica, Canarias y general, estimándose que la familia Ichneumonidae correspondería a la siguiente distribución: 36.500 ejemplares en la colección Ibérica, 2.600 en la colección de Canarias y 17.800 en la colección General. Se indican también los principales autores que revisaron parcialmente la colección en los últimos años, así como número de taxones y ejemplares que constituían el material tipo localizado hasta ese momento (184 ejemplares pertenecientes a 136 taxones) (Izquierdo et al., 1977).

150.000 ejemplares el material pendiente de inventario entre el que se incluía la familia Ichneumonidae, y por ello la información que se presentaba sobre la colección para esta familia no era muy detallada. [3]

Se trata aquí de ampliar la descripción de la colección de Ichneumonidae del MNCN, completando el enfoque histórico, añadiendo información sobre el desarrollo de la colección hasta el momento actual y señalando los retos que se espera poder abordar en los próximos años.

DIFICULTADES QUE PRESENTA EL ESTUDIO DE LA FAMILIA ICHNEUMONIDAE

La familia Ichneumonidae destaca por ser uno de los grupos zoológicos de mayor riqueza específica, con más de 35.000 especies descritas en el mundo, de las que aproximadamente 1.800 se encuentran en España. Su comportamiento como parasitoides entomófagos, citándose entre sus hospedadores insectos fitófagos que a menudo pueden causar daños sobre vegetales de importancia para el hombre, acentúa su interés como controladores biológicos de estas plagas.

El estudio del grupo presenta gran complejidad no sólo por el elevado número de especies, sino derivado de la gran confusión que durante años ha existido en la clasificación sistemática de la familia, y en la nomenclatura utilizada para las diferentes categorías taxonómicas, en aplicación de los nombres válidos conforme al "Código Internacional de Nomenclatura Zoológica". Entre las diversas clasificaciones que se propusieron durante la primera mitad del siglo XIX, la más frecuentemente adoptada fue la que dividía la familia Ichneumonidae en cinco subfamilias: Ichneumoninae, Cryptinae, Pimplinae, Ophioninae y Tryphoninae, y como tales fueron estudiadas por los principales autores clásicos hasta la primera mitad del siglo XX, entre ellos el profesor Ceballos.

La separación de estas cinco subfamilias se hacía atendiendo a un pequeño número de caracteres morfológicos del adulto, principalmente referidos a la forma del abdomen, forma del primer terguito y disposición en él de los espiráculos, longitud del ovopositor, forma de la areola en el ala anterior y otros detalles de la venación alar, y presencia o ausencia de determinados surcos o quillas en el tórax (Figura 1).

El examen de los caracteres larvales, comenzado por Beirne (1941) y seguido por Short (1952, 1978), y de otros caracteres biológicos, así como otros detalles morfológicos de los adultos hasta entonces no considerados, proporcionó la confirmación final de la falta de base en la vieja sistemática, siendo necesaria una revisión completa de la clasificación de todos los géneros del mundo que fue emprendida en 1945 por el especialista americano Henry Townes y culminó en la publicación de su obra "The Genera of Ichneumonidae" (1969, 1970a, 1970b, 1971)[4], siendo su clasificación de la familia Ichneumonidae en categorías superiores la base en la que se fundamenta la actual sistemática.

---

[4] Serie de cuatro monografías en las que se tratan todos los géneros del mundo con la única excepción de la subfamilia Ichneumoninae. Los aproximadamente 1.250 géneros del mundo se encuentran agrupados en 25 subfamilias, muchas de ellas actualmente válidas aunque con algunas diferencias en la nomenclatura por la consideración de diferentes géneros válidos.

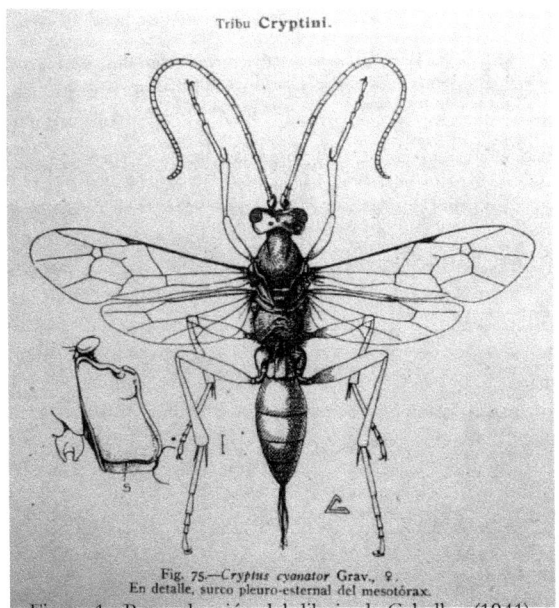

Tribu **Cryptini**.

Fig. 75.—*Cryptus cyanator* Grav., ♀.
En detalle, surco pleuro-esternal del mesotórax.

Figura 1.- Reproducción del dibujo de Ceballos (1941).

Desde entonces, en los numerosísimos estudios, tratados y catálogos de distintas regiones que se han ido publicando sobre el grupo, se han propuesto otros muchos cambios, incluyendo el incremento del número de subfamilias y variaciones en su composición y nomenclatura, destacando la recopilación realizada por Yu & Horstmann quienes en 1997 publicaron un catálogo del mundo con una excelente clasificación, consenso de lo publicado hasta entonces por los distintos autores, que fue suscrita por muchos de los especialistas y cuyos criterios son seguidos desde entonces en gran parte de las publicaciones sobre el grupo.

Posteriormente, estos mismos autores, junto con el especialista en la familia Braconidae C. van Achterberg, adaptaron el catálogo a un formato de base de datos (Taxapad), catálogo interactivo que reúne toda la información taxonómica, biológica, morfológica y de distribución de los Ichneumonoidea (familias Braconidae e Ichneumonidae), referida a nombres científicos válidos que es posible adquirir en soporte electrónico en distintos formatos (CD, DVD, USB Flash Drive), y del que ya se han realizado dos ediciones (Yu *et al.*, 2005; 2012). Este catálogo interactivo se ha convertido en una herramienta de gran utilidad tanto para los especialistas en el estudio de la familia, como para conservadores y responsables de las colecciones en los museos. En su última edición los representantes actuales de la familia Ichneumonidae se clasifican en 42 subfamilias, además de otras 9 subfamilias fósiles. En España se recoge la presencia de 32 subfamilias.

RESPONSABLES DE LA COLECCIÓN DE ENTOMOLOGÍA DEL MNCN: DOS GRANDES ETAPAS

En la historia de la colección de entomología del MNCN, y en relación a la importancia que representaron respecto al material de Ichneumonidae que en él se conserva, destacamos dos grandes etapas en las que los responsables de la colección de entomología del Museo fueron, además, grandes especialistas en el estudio de los icneumónidos, todo ello sin restar importancia a otras etapas y figuras imprescindibles para la colección y que ha sido puesta de manifiesto en otros estudios (Izquierdo *et al.*, 1997).

En primer lugar el Dr. Gonzalo Ceballos Fernández de Córdoba (1895-1967), Ingeniero de la Escuela Superior de Ingenieros de Montes quien trabajó en la Sección de Entomología del Museo desde 1917, ocupando la dirección del Instituto Español de Entomología, en el que se integraron las colecciones, biblioteca y personal que antes había sido la Sección de Entomología del Museo, desde su fundación, en 1941, hasta su fallecimiento en 1967, simultaneando el cargo con la Cátedra de Zoología y Entomología de la Escuela de Ingenieros de Montes que obtuvo por oposición en 1934.

Y años después la Dra. Isabel Izquierdo quien en el año 1972 comenzó en el Museo sus estudios taxonómicos y faunísticos sobre la familia Ichneumonidae, hasta 1987, año en que pasó a ser Conservadora de la Colección de Entomología del MNCN, coordinando más tarde todas las Colecciones y fondos del Museo, y asumiendo distintos cargos y responsabilidades en relación a las Colecciones hasta el año 2008 (Martín Albaladejo, 2016).

Exceptuando la presencia durante periodos transitorios de duración variable de algún especialista con becas[5] o ayudas para estancias de corta duración[6], estos dos autores han sido los únicos especialistas en el estudio de los icneumónidos que a lo largo de la historia del Museo han tenido una relación oficial y prolongada con el mismo, y su incidencia en el incremento de la colección y de su valor científico han resultado de gran importancia y muy diversa índole.

La labor de Ceballos como profesor e investigador en entomología se ha recogido en numerosos estudios,

---

[5] Entre los años 1989 y 1992 la autora de este artículo disfrutó en el Museo de una Beca posdoctoral del programa de formación de personal de investigación del CSIC para realizar estudios taxonómicos sobre la familia Icheumonidae, si bien desde entonces y hasta el momento actual ha continuado realizando estudios sobre dicha familia, colaborando con distintos investigadores del Museo, con los que ha participado en diversos proyectos de investigación dirigidos a estudiar la biodiversidad de insectos himenópteros en diferentes regiones del mundo, o la historia del Museo y de sus colecciones.

[6] Entre ellos cabe citar a los especialistas alemanes Rolf Hinz (Einbeck, Alemania) y Klaus Horstmann (Biozentrum, Universität Würzburg, Alemania), y a los españoles Dr. Jesús Selfa de la Universidad de Valencia y Dr. Santiago Bordera de la Universidad de Alicante.

pudiéndose encontrar la relación de todas sus publicaciones (Agenjo, 1967), y el catálogo de los tipos de especies conservados en el MNCN (Rey del Castillo e Izquierdo, 1989). Deben citarse también otras publicaciones recientes en que se describe su etapa como Director del Instituto Español de Entomología (Gomis, 2014), y se destaca su importante impulso no sólo en el ámbito de la investigación pura, sino también la aplicada a la gestión de plagas (Martín Albaladejo *et al.*, 2016).

Como rasgo destacado debe señalarse su habilidad como dibujante, que se comprueba en una de sus primeras obras sobre icneumónidos (Ceballos, 1925), la cual mereció el premio de la Real Academia de Ciencias Exactas, Físicas y Naturales, o en su obra sobre las Tribus de los Himenópteros de España (Ceballos, 1941) (Figura 1). Sus estudios taxonómicos se dirigieron principalmente a los icneumónidos, aunque estudió también otras familias de himenópteros como evánidos, proctrotrúpidos o estefánidos, ocupándose no solo de la fauna española sino también sobre la magrebí, malgache o de África Ecuatorial (Agenjo, 1967). Otra de sus obras destacadas fue la publicación del Catálogo de los Himenópteros de España (Ceballos, 1956) y sus dos suplementos (Ceballos, 1959, 1964), en los que recoge todas las citas bibliográficas de himenópteros en España con indicación de la provincia a la que se refieren.

A la etapa de Ceballos en el Museo corresponde la ordenación de la colección de icneumónidos en las cinco subfamilias clásicas que, sobre todo en la colección no ibérica, se mantiene hasta hoy, así como la incorporación de abundante material con información sobre los hospedadores de los que se habían obtenido los adultos, procedentes a menudo de plagas forestales, y de algunas importantes colecciones de material de Canarias, Madagascar, y otros que se citan en apartados posteriores de este trabajo.

En las publicaciones de Isabel Izquierdo, recogidas en diversas notas aparecidas tras su fallecimiento en 2015 (Martín Albaladejo, 2016; Martín Albaladejo y Nieves Aldrey, 2016), se reflejan las dos etapas que caracterizaron su actividad investigadora, con estudios taxonómicos y faunísticos sobre icneumónidos recogidos en publicaciones de los años 1979 a 1986, y más de 40 publicaciones relativas a colecciones, catálogos y otros temas en el ámbito de la museología, realizadas entre los años 1990 y 2015. Sus primeros trabajos dirigidos a inventariar la colección de Entomología, comenzando a organizar un sistema de documentación sobre los ejemplares de la colección y la responsabilidad en la conservación, supervisión y gestión de los fondos que asumió como conservadora de la colección, representan un hito importantísimo para la colección. Destacan en esta etapa actuaciones como la reubicación de la colección en módulos separados de los despachos y laboratorios, sustitución de los viejos armarios de colecciones de madera por modernos armarios metálicos, eliminación de las tradicionales y nocivas sustancias conservantes de insectos montados en seco, y mantenimiento constante de la colección a baja temperatura como método de conservación, que se sigue actualmente; y otras muchas relativas al inventario y catalogación de fondos de distintas colecciones entomológicas, especialmente relativas a colecciones de tipos, incluyendo su digitalización e informatización, como se describe en (Martín Albaladejo y Nieves Aldrey, 2016).

Como se señala en el mismo trabajo, otro hito importante para el desarrollo de la colección de icneumónidos del Museo fue «la introducción del uso de la trampa Malaise en España, un método de captura de insectos cuyo uso hoy se ha generalizado como estándar en los inventarios y estudios de biodiversidad entomológica y que se ha extendido también de modo general en España, siendo Isabel la primera en conseguir una de estas tramas» (Martín Albaladejo y Nieves Aldrey, 2016). Para hacerse idea del incremento de la colección de icneumónidos que ha supuesto la utilización de este tipo de trampas, baste decir que se han contabilizado más de 30.000 ejemplares de icneumónidos en distintos proyectos y campañas de recolección en los que ha participado la autora de este trabajo en los últimos años, lo que representa un incremento aproximado del 50% sobre la estimación del volumen total de la colección de icneumónidos del Museo presentada en el catálogo de Izquierdo *et al.* (1997).

La falta de recursos ha impedido que las tareas de inventario e informatización de las colecciones, cuyo objetivo último es facilitar el acceso público de forma que estén disponibles para su utilización científica y didáctica por parte de los diferentes sectores de la sociedad, hayan alcanzado a la totalidad de los fondos del Museo. Hasta lo publicado en el catálogo de Izquierdo *et al.* (1997), el inventario y catalogación se había realizado sólo sobre un porcentaje pequeño de la colección de la familia Ichneumonidae (unos 3.000 ejemplares), que corresponde a ejemplares tipo y parte del material de la subfamilia Ichneumoninae (Selfa & Bordera, 1993, 1995), principalmente material estudiado por Ceballos, pero no incluyendo el abundantísimo material procedente de recientes capturas con trampa Malaise, que presumiblemente duplicará el número de ejemplares de esta subfamilia.

Entre los proyectos que compartimos con Isabel, siempre estuvo el ordenar y catalogar la colección de icneumónidos. En todo caso, su natural predisposición a colaborar en cualquier circunstancia, unido a sus conocimientos como especialista en icneumónidos, garantizaron, incluso en sus últimas etapas en el Museo no vinculadas a la colección de entomología, la adecuada respuesta a solicitudes, consultas o préstamos que los especialistas nacionales y extranjeros pudieran realizar sobre la familia Ichneumonidae[7], facilitando el acceso a los "tesoros" para el investigador y para la ciencia, como ella mismo los definió (Izquierdo, 2013).

LA COLECCIÓN DE ICNEUMÓNIDOS DEL MNCN. ORDENACIÓN Y COMPOSICIÓN GEOGRÁFICA Y FAUNÍSTICA DE LA COLECCIÓN

El orden de la colección en el MNCN correspondía a la sistemática clásica en la que la familia Ichneumonidae se dividía en 5 subfamilias: Ichneumoninae, Cryptinae, Pimplinae, Ophioninae y Tryphoninae y, excepto en la colección ibérica o en el material de nueva incorporación, así se ha mantenido hasta hoy.

Ceballos conoció los cambios en la clasificación que estaban siendo propuestos por Townes, e incluso analizó y comentó las nuevas propuestas de reclasificación de sus catálogos (Ceballos, 1960, 1966) pero no llegó a adoptar esta nueva clasificación y por lo tanto no fue trasladada a las colecciones del Museo.

En los años en que Isabel llevó a cabo sus estudios taxonómicos sobre icneumónidos, la adopción de la nueva clasificación estaba ya generalizada, y así se aplicó en los sucesivos grupos que se fueron estudiando, por ella y por otros autores posteriores, trasladándose a la colección al menos en la parte correspondiente a fauna ibérica.

Respecto a la organización geográfica y faunística de la colección de icneumónidos, coincide con la descrita por Izquierdo *et al.* (1997), dividiéndose el material en

---

[7] Desde el año 1990 en que se dispone de un registro histórico de actividades sobre la colección, se contabilizan alrededor de 45 préstamos de material de Ichneumonidae tanto a autores nacionales como extranjeros que fueron sobre todo frecuentes entre los años 1997 y 2010, y se ha dado respuesta a otras tantas consultas sobre aspectos diversos relativos a icneumónidos (taxonómicos, material tipo, parasitismo,..) referidos tanto a material español como de otras procedencias geográficas.

colección Ibérica, Canarias, y el resto de faunas, que correspondería a la colección general, con material no español separado en varios subgrupos que generalmente responden a su procedencia geográfica, aunque en ocasiones también se relacionan con la etapa histórica en que se incorporó el material a la colección, procedencia de expediciones científicas, adquisiciones, donaciones, o incluso agrupados según los autores responsables de las determinaciones. A continuación se presenta la descripción detallada de cada uno de estos grupos:

Colección ibérica: es la que más cambios ha experimentado en las últimas décadas, es decir, desde los años en que Isabel Izquierdo desarrolló su actividad científica y profesional en el Museo, tanto por los estudios llevados a cabo por especialistas nacionales (Izquierdo, Rey, Selfa, Bordera, Agulló ...) y extranjeros (Hinz, Horstmann, Scaramozzino, Sawoniewick, Kolarov, Diller, Schwarz, Schmidt, Thirion, Zwakhals ...), como por la incorporación de nuevo material procedente de campañas de muestreo y proyectos de investigación mediante la utilización de trampas amarillas de Moericke o trampas Malaise (Figura 2). La colocación de estas trampas en distintos localidades de España (Almería, Asturias, Barcelona, Burgos, Cantabria, Córdoba, Jaén, Madrid, Málaga...) ha proporcionado cantidades enormes de material, como se ha citado anteriormente, que aumentan el volumen de la colección de forma muy significativa.

Figura 2.- Trampa Malaise.

Este nuevo material se une al existente y en gran parte estudiado por Ceballos, con fechas de captura desde los años 1890, pero sobre todo durante la primera mitad del siglo XX, y siendo sus recolectores más frecuentes los especialistas en distintos grupos de himenópteros que trabajaron y colaboraron en aquellos años en el Museo (Cabrera, Ceballos, Dusmet, García Mercet y Seyrig, entre otros). Es de destacar también el material recolectado y estudiado por el autor francés André Seyrig, quien entre los años 1920 y 1930 trabajó en España, en las minas de plomo de El Soldado en Córdoba, aprovechando su estancia para colectar y estudiar muy abundante material a partir del cual describió 59 nuevos taxones de especies, variedades o formas (Seyrig, 1926, 1927, 1928), depositando gran parte de los ejemplares en las colecciones del Museo.

En los últimos cuatro años, la autora de este trabajo, con el apoyo de la actual responsable de la colección de entomología, Mercedes París, continúa avanzando en la ordenación y catalogación de la colección

43

de icneumónidos en lo que se refiere a la fauna ibérica. En ello están colaborando también de forma voluntaria otras personas, como Vicenta Llorente, investigadora del Museo que mantiene su actividad periódica en el centro más de veinte años después de su jubilación y continúa ayudándonos con las traducciones del ruso en aquellos grupos para los que sólo se dispone de claves de identificación de especies en este idioma, o Fernando Fresno, que está procediendo al montaje de lotes de icneumónidos que se conservaban en alcohol. En la ordenación de esta colección ibérica se está siguiendo el criterio de clasificación del catálogo de Yu *et al.* (2015), y a fecha de diciembre de 2016 el inventario informatizado incluye ya unos 9.000 ejemplares, casi el triple de lo catalogado hasta 1997, habiéndose revisado todo el material ibérico y completado también su catalogación para algunas subfamilias (Adelognathinae, Alomyinae, Brachycirtinae, Collyriinae, Cylloceriinae, Eucerotinae, Neorhacodinae, Oxytorinae, Paxylommatinae, Poemeniinae, Stilbopinae), revisado y ordenado pero a falta de completar la catalogación de los ejemplares para algunas otras (Acaenitinae, Anomaloninae, Banchinae, Campopleginae, Ophioninae, Pimplinae) y comenzado el estudio y catalogación para la mayoría de las restantes subfamilias, esperando poder seguir avanzando en los próximos años hasta completar las 32 subfamilias representadas en España y cumplir así uno de los anhelos que Isabel nos transmitió durante años.

Colección de Canarias: el material de icneumónidos de Canarias del MNCN lo integran alrededor de 2.600 ejemplares y corresponde en gran parte al legado del Dr. Anatael Cabrera Díaz. Como se indica en el catálogo de tipos de especies descritas de Canarias (Izquierdo *et al.*, 2010):

Una mención especial al Dr. Anatael Cabrera Díaz (1868-1944), médico y entomólogo canario, creador de una importantísima colección de insectos de las islas que legó al

MNCN. A sus múltiples contactos con especialistas españoles y europeos se debe la descripción de numerosas especies, lo que confiere a la Colección Cabrera un valor científico considerable; figuran concretamente en este Catálogo 95 taxones colectados por Cabrera y 16 le han dedicado como homenaje con los nombres de *cabrerae, cabrerai, anataeliana, Anataelia y Cabreraia.*

Veintiuno de estos nuevos taxones corresponden a la familia Ichneumonidae. A excepción de dicho material tipo, no se ha llevado a cabo el inventario y catalogación de la colección de Canarias, aunque gran parte del material fue revisado y publicado en Ortega y Báez (1980) y Ortega (1984, 1985), así como en diversas obras de Izquierdo (1982), Rey e Izquierdo (1985), Izquierdo y Rey (1986) y Rey (1990), o Schwarz (1993, 1995, 1998).

En los últimos años el principal incremento en la colección de icneumónidos de Canarias corresponde al material recolectado para el estudio sobre la biodiversidad en el Parque Nacional de la Caldera de Taburiente utilizando Trampas Malaise, gran parte del cual se encuentra en alcohol y está pendiente de estudio, habiéndose incorporado a la colección unos 120 ejemplares, que fueron estudiados por C. Rey e incluidos en la publicación de Domingo-Quero *et al.* (2003).

Colección General: La ordenación de esta colección se mantiene prácticamente sin cambios desde la época de Ceballos, es decir, desde mediados del siglo XX, correspondiendo las identificaciones existentes a esas mismas fechas, con pocas excepciones de ejemplares de algunos grupos que han sido objeto de estudio recientes (género *Gelis*, y algunos Acaenitinae, Ophioninae y Banchinae), y no habiéndose comenzado tampoco su inventario y catalogación.

Esta parte de la colección, y de acuerdo con los nombres que figuran exteriormente en las cajas, se encuentra subdividida siguiendo un criterio geográfico en las siguientes partes: Marruecos y norte de África, Paleártica, y Exótica, figurando al final de esta última, pero destacando por la cantidad de material, un buen número de cajas con ejemplares procedentes de Madagascar.

El material de Marruecos y norte de África lo integran alrededor de 600 ejemplares, con fechas de captura principalmente entre los años 1930-1947, y también algunos ejemplares de 1908. Como recolectores figuran muchos de los principales investigadores del Museo de aquellos años: Bolívar, Escalera, Gil Collado y Morales, o de sus colaboradores, como por ejemplo Pardo Alcaide (Martín Albaladejo, 2004). Una parte de los ejemplares presentan etiquetas de identificación de Ceballos y más recientemente algunos grupos han sido estudiados por Izquierdo, Rey y Schwarz (1998, 2001, 2002).

Se estima que la colección Paleártica la integran alrededor de 6.200 ejemplares, representando una proporción muy importante los ejemplares con etiquetas que los identifican como pertenecientes a la "Colección Cabrera" y muchos de ellos con etiquetas de identificación específica del propio Cabrera o de otros autores.

Merecen citarse de forma especial tres cajas que presentan una etiqueta exterior en la que se indica "Ichneumonidae determinados Schmiedeknecht" en las que se conservan ejemplares con solo una etiqueta de identificación manuscrita siempre con la misma letra, y que se atribuye a Schmiedeknecht[8], en la que figura el nombre de género, especie, autor de la especie y sexo. En algunos

---

[8] La obra de Schmiedknecht "*Opuscula Ichneumonologica*" (1902-1936) recopila todos los conocimientos sobre la fauna europea, proporcionado amplias descripciones y valiosas claves dicotómicas de tribus, géneros y especies, siendo la obra de mayor envergadura y en la que se basaron todos los estudios sobre icneumónidos europeos en el siglo XX.

casos, en la etiqueta, sobre la que hay pinchado un único ejemplar, figuran los símbolos de ambos sexos, observándose que, al lado del ejemplar, se encuentra otro identificado como de la misma especie y con un único sexo, pero con etiqueta de identificación de Cabrera (Figura 3); es posible que originalmente la etiqueta de Schmeideknecht correspondiera a una pareja de ejemplares, siendo duplicada en algún momento, sugiriendo todo ello la posibilidad de que el origen de todos los ejemplares fuera la Colección Cabrera.

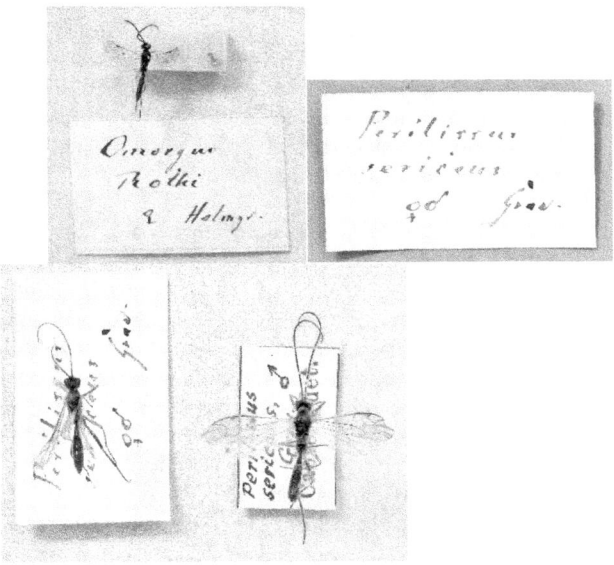

Figura 3.- Etiquetas y ejemplares de colección: "Ichneumonidae determinados Schmiedknecht".

En el resto de cajas de la colección paleártica también se encuentran otros ejemplares con etiquetas similares a las descritas como atribuibles a Schmiedeknecht, que previsiblemente pudieron ser trasladados de sus cajas originales en algún momento, y otros con etiquetas impresas que parecen recortadas de un catálogo. Isabel Izquierdo encontró en sus investigaciones catálogos de venta en los que figuraban los precios de adquisición de ejemplares de Schmiedknecht, por lo que este material pudo ser adquirido para la colección del Museo; no encontró, sin embargo, nada en la correspondencia conservada en el archivo histórico del MNCN que confirmara esta compra, lo que apoyaría la hipótesis de que los ejemplares formaran parte de la Colección Cabrera y se incorporaran a la colección del Museo junto con el resto de la colección de este autor. En todo caso, sin duda este material sirvió a Ceballos de comparación para la identificación de los ejemplares procedentes de España, siendo necesario profundizar en los archivos históricos del Museo para investigar su procedencia, otro de los retos propuestos con Isabel y que nos queda pendiente.

También por su importante valor histórico y científico deben citarse unos 50 ejemplares de distintas subfamilias todos ellos con un mismo tipo de etiqueta de identificación manuscrita que se atribuye a Kriechbaumer[9], en la que figura la localidad (Bavaria) y la identificación (género, especie y autor) y su sexo, y que presentan además otras pequeñas etiquetas con referencias numéricas, incluyendo en una de ellas el nombre impreso de Kriechbaumer como recolector, y distintas fechas de captura todas ellas correspondientes a la segunda mitad del siglo XIX (Figura 4); de estos ejemplares, algunos están pinchados sobre etiquetas de identificación como las que se suelen utilizar para fondo de caja, en las que además figura

---

[9] El autor alemán Kriechbaumer describió entre 1854 y 1902 más de 600 taxones de ichneumonidae de todas las regiones geográficas, principalmente de la región paleártica. Sus tipos se encuentran repartidos por diversos museos de Europa y su búsqueda y catalogación ha sido objeto de diversas publicaciones.

la traducción del nombre de localidad (Baviera) (Figura 4). La separación de estos ejemplares del resto de la colección paleártica colocándolos todos juntos en dos cajas ha sido reciente, en la etapa en que Izquierdo era responsable de la colección de entomología, coincidiendo con el estudio de los ejemplares pertenecientes a la subfamilia Ichneumoninae por Selfa, en 1994, quien añadió sus etiquetas de identificación con los actuales nombres válidos (Selfa, 1994).

Además de Cabrera, Schmiedeknecht y Kriechbaumer, otros autores que aparecen frecuentemente en las etiquetas de identificación del material paleártico como autores de las mismas son Seyrig, Heinrich, Haupt y Ceballos, entre otros, y en fechas más recientes Izquierdo y Rey, que estudiaron y publicaron sobre material de algunos grupos (Izquierdo, 1984; Rey, 1989, 1992).

El material exótico lo integran alrededor de 4000 ejemplares, y aunque también es importante el material cuya procedencia podría relacionarse con la Colección Cabrera, buena parte de los especímenes parecen proceder de expediciones científicas a distintas regiones geográficas, sobre todo de la región Neotropical, con muchos ejemplares procedentes de distintos países de América Central y del Sur, y de la región Indo-Australiana; y también buena representación de ejemplares procedentes de la región Etiópica y de Cuba. Prueba de ello es la localización de 8 ejemplares de Chile y Ecuador recolectados por la Comisión Científica del Pacífico (1862-1865), que se han incluido en la publicación de Santos Mazorra (1994) y así han quedado inventariados en la colección.

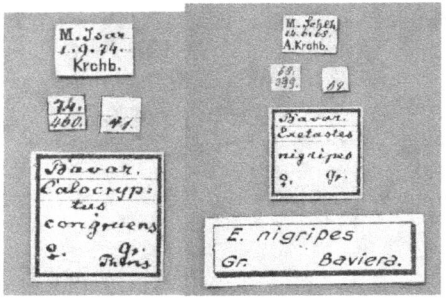

Figura 4.- Etiquetas y ejemplar Colección Kriechbaumer.

En toda la colección exótica, sólo una pequeña parte de los ejemplares están identificados, y entre los autores de las mismas destacan Townes, Cresson, Porter o Heinrich, todos ellos americanos, y también Ceballos y Cabrera. Entre los recolectores se repite con frecuencia el nombre de Martinez de la Escalera.

Por último es muy relevante la colección correspondiente a Madagascar, procedente en su totalidad de las capturas realizadas en la isla por el especialista francés André Seyrig, y cuya presencia en la colección del Museo se relaciona con la amistad que le unió con Ceballos (Agenjo, 1967). En Madagascar Seyrig recolectó abundantísimo material entre los años 1921 y 1944, publicando varias monografías sobre su fauna[10], siendo asesinado en

Antananarivo en el año 1945 (Pascal Roussel *et al.*, 2011). La colección conservada en el MNCN incluye aproximadamente 7.000 ejemplares, gran parte del material está sin identificar y corresponde al grupo de los Cryptinos, con grandes series de ejemplares de una misma especie. El material identificado corresponde a unos 500 ejemplares, principalmente pimplinos y otras subfamilias estudiadas por Seyrig. En diversas ocasiones nos planteamos con Isabel el estudio de este material, la última vez con ocasión del proyecto sobre la historia del Instituto Español de Entomología (IEE)[11], llegando incluso a adquirir para la biblioteca las monografías de Seyrig que no estaban disponibles[12].

Como material de reciente incorporación, forman parte de los fondos de la colección exótica unos 150 ejemplares procedentes del Parque Nacional de Coiba en Panama, que se incluyeron en el estudio de Nieves-Aldrey & Fontal-Cazalla (1997) y los casi 2.000 ejemplares procedentes de dos zonas de Chile, Les Queules e Huinay, aún en estudio como parte de proyectos de investigación liderados por el investigador del Museo, José Luis Nieves Aldrey, y que se incorporarán a la colección una vez se finalicen los mismos.

---

[10] Seyrig publicó monografías de la fauna Malgache de los Pimplinae (Seyrig, 1932) y Tryphoninae (Seyrig, 1934), y después de su muerte se publicó el volumen correspondiente a los Cryptinae (Seyrig, 1952); además Heinrich publicó otro volumen con los Ichneumoninae (Heinrich, 1938) y recientemente, también basado en el material recolectado y estudiado por Seyrig, y con otro material adicional, se ha publicado un quinto volumen con los Cremastinae (Pascal Roussel et al., 2011)

[11] El Instituto Español de Entomología, CSIC (1941-1985): una etapa en la historia de una ciencia. Ref. HAR 2011-28621.

[12] Desistimos finalmente de su estudio dentro de ese proyecto al constatar que su entrada a las colecciones del Museo se produjo antes de la constitución del citado IEE, en 1941.

TIPOS DE ICNEUMÓNIDOS EN LA COLECCIÓN; EJEMPLARES Y AUTORES

En diversas publicaciones se ha llevado a cabo la revisión de tipos de Ichneumonidae depositados en el MNCN correspondientes a autores como Ceballos (Rey del Castillo & Izquierdo, 1989), Seyrig (Horstmann, 1992), Kriechbaumer (Horstmann & Bordera, 1995), o Berthoumieu (Diller & Horstmann, 1994, 1997), representando en conjunto un total de 136 taxones y 184 ejemplares, según las cifras que figuran en el trabajo de Izquierdo et al. (1997). Este número se ha ido incrementando al realizarse otros estudios sobre la revisión de ejemplares tipo correspondientes a faunas locales, como el realizado sobre la Comunidad de Madrid (Martín Albaladejo et al., 2006), o de Canarias (Izquierdo et al., 2010), o la descripción de nuevas especies a partir del estudio de material de la colección (Schwarz, 1993, 1995, 1998, 2001, 2002).

Actualmente este valioso conjunto científico reúne un total de más de medio millar de ejemplares que representan 182 series tipo de otros tantos taxones. El 78% de estas series, 142, incluyen primeros tipos (Holotipos o Lectotipos) y en tres de ellas los ejemplares sirvieron de base para la descripción de otros tantos géneros nuevos (*Apistes* Seyrig, 1927; *Nenethes* Ceballos, 1957; y *Ribasia* Ceballos, 1920), lo que supone un incremento adicional de su valor.

Siguiendo la clasificación del catálogo de Yu et al. (2012), los 182 taxones (544 ejemplares) corresponden a 15 subfamilias que se distribuyen de forma muy heterogénea. Las dos subfamilias con mayor número de taxones son Cryptinae (63 taxones) e Ichneumoninae (46 taxones), seguidas de Banchinae (19 taxones) y Campopleginae (16 taxones). A continuación se encuentran Ophioninae y Pimplinae, ambas con 8 taxones cada una, y el resto corresponden a Anomaloninae, y Metopiinae con 4

52

taxones, Acaenitinae, Cremastinae y Tryphoninae con 3 taxones, Diplazontinae con 2 taxones, y finalmente Collyriinae, Orthocentrinae y Paxylommatinae con un único taxón.

Respecto a la procedencia del material es de destacar que 169 de los taxones (92%) corresponden a material recolectado en España, con una distribución muy desigual por provincias, destacando las provincias de Madrid y Córdoba con 38 y 36 taxones tipo respectivamente, y seguidas de Baleares y Canarias con un número un poco menor, 23 y 21 taxones respectivamente. Barcelona y Ciudad Real con 5 taxones, Alicante y Segovia con 4 taxones, y el resto de provincias con 2, 1 y muchas ningún taxón.

Los ejemplares tipo de los restantes 13 taxones corresponden a material recolectado en Marruecos, de donde se describen 7 taxones, Camerún (3), y Filipinas, Italia y Tayikistán con un taxón cada una.

Analizando las fechas en que se realizaron las descripciones de los nuevos taxones se observan 3 periodos bien diferenciados. Una primera época entre los años 1890-1910 en que dos autores, Kriechbaumer y Berthoumieu, ambos europeos, describieron respectivamente 28 y 22 nuevos taxones, si bien hay que indicar que la incorporación a la colección del MNCN de una parte de los tipos de Kriechbaumer (de 23 taxones) ha sido reciente, ya que procedían de Mallorca, pertenecían a la colección Moragues que se conservaba en el Seminario Diocesano de Mallorca y fueron depositados en el Museo de Madrid después de ser estudiados por Horstmann y Bordera (1995). El resto del material tipo de Kriechbaumer conservado en Madrid corresponde a 6 taxones, pertenecen a la colección Gogorza de localidades de Madrid y Cantabria. Los 22 taxones descritos por Berthoumieu de los que se conserva material tipo en el Museo corresponden a la subfamila

Ichneumoninae, 7 procedentes de Canarias y el resto de distintas zonas de la península, y pertenecientes a las colecciones de Cabrera, Gogorza, Navás, Antiga y Bofill, así como distintos colectores del Museo.

Una segunda época en los años 1920-1930 en que otros dos autores, Seyrig y Ceballos, describieron más de 80 taxones, y después de la constitución del IEE en 1941, el profesor Ceballos en las décadas siguientes, hasta 1960, describió otros 10 taxones más. Como se ha citado, gran parte de los ejemplares de las especies descritas por Seyrig y conservadas en el MNCN fueron colectados por él mismo en la provincia de Córdoba, donde trabajó para una empresa francesa en las minas de El Soldado en Espiel, pero también algunos ejemplares fueron colectados por personal del Museo como Dusmet, Garcia Mercet, Bolivar o Navas. Las nuevas descripciones se incluyeron en tres publicaciones de la revista *Eos* del Museo de Madrid (Seyrig, 1926, 1927 y 1928)[13].

De los 45 nuevos taxones que se incluyen en el catálogo de tipos de Ceballos (Rey del Castillo e Izquierdo, 1989), 32 corresponden a la familia Ichneumonidae. Además de especies ibéricas recolectadas por personal del Museo ya citado para Seyrig, se describen 2 especies de Canarias, 3 de Camerún, 2 de Marruecos que proceden de la colección de Escalera y una de Filipinas.

En la tercera época, aproximadamente entre 1980-2010 varios autores, tanto españoles (Bordera, Izquierdo, Rey del Castillo, Selfa, Hernández) como extranjeros (Diller, Hinz, Horstmann, Kolarov, Schwarz), y a veces en colaboración entre ellos, describieron otros 40 taxones de los que se conserva en el museo su material típico.

---

[13] En el Museo de Historia Natural de París se encuentra otros ejemplares de las series típicas (Horstmann, 1992), y revisiones parciales de tipos de Seyrig se han realizado sobre los Banchinae (Rey del Castillo, 1985, 1992) e Ichneumoninae (Selfa, 1994).

Este valioso e importante material típico conservado en el Museo sin duda se verá incrementado cuando se complete el inventario y catalogación de la colección que, como hemos señalado a lo largo del trabajo, se ha realizado sobre una pequeña parte de la colección ibérica y de Canarias, pero no se ha comenzado para el resto.

FUTURO DE LA COLECCIÓN: OBJETIVOS INMEDIATOS

A lo largo del trabajo se ha puesto de manifiesto el valor histórico de la colección de Ichneumonidae que se conserva en el MNCN, impulsado por las etapas en las que trabajaron en el museo especialistas en el estudio de este difícil e interesante grupo de insectos y que además tuvieron responsabilidad en la conservación de la colección, convirtiéndola en un valioso fondo patrimonial que es necesario conservar y dar a conocer a toda la comunidad científica.

Son muchos los retos y aspectos pendientes de estudio, que también se han ido enumerando a lo largo del trabajo, habiendo comenzado la ordenación de la colección ibérica de acuerdo a la clasificación seguida actualmente por los especialistas, y continuado el inventario y catalogación que hasta ahora sigue representando un pequeño porcentaje del total de la colección.

En esta tarea de ordenación e inventario de la colección ibérica se continuará en los próximos años, quedando pendiente ampliar la catalogación a las colecciones correspondientes a otras zonas geográficas que requerirá en muchos casos abordar el estudio del archivo histórico del MNCN para conocer su origen.

Pero todo el interés que unas cuantas personas y de forma voluntaria pongamos en su empeño no será suficiente para hacerlo posible, requiriendo el apoyo y reconocimiento institucional de su necesidad para conseguir que este valiosísimo patrimonio histórico sea conocido y puesto a disposición de toda la comunidad científica.

AGRADECIMIENTOS

Mi más sincero agradecimiento a Carolina Martín Albaladejo, por darme la oportunidad de participar en este libro-homenaje a Isabel, para mi más importante que cualquier otra publicación científica en la que haya podido colaborar, y por toda la ayuda y apoyo que me ha proporcionado, de principio a fin, en su elaboración. A Mercedes París, actual responsable de la colección de entomología del Museo, a cuyo interés y continua colaboración debo el poder seguir estudiando la colección de Ichneumonidae del Museo, abordando el reto de su ordenación e inventario. A Vicenta Llorente con la que comparto y espero seguir compartiendo esas tardes en el Museo, por su amistad y siempre disponible ayuda. Y a Fernando Fresno, por su magnífica labor montando los ejemplares conservados en alcohol, decisiva para el incremento de la colección y de su valor científico.

Este trabajo forma parte del proyecto "El Museo Nacional de Ciencias Naturales entre 1939 Y 1985: de la disgregación a la reunificación en su contexto nacional e internacional". Ref. HAR 2016-76125-P.

BIBLIOGRAFÍA

AGENJO, (1967). El Excmo e Ilmo Sr. Prof. Dr. D. Gonzalo Ceballos y Fernández de Córdoba, 1895-1967. *Eos*, 43: 319-343.

BEIRNE, B.P. (1941). "A consideration of the cephalic structures and spiracles of the final instar larvae of the Ichneumonidae (Hym.)". *Transactions of the Society for British Entomology*, 7:123-190.

CEBALLOS, G. (1925). Himenópteros de España. Familie Ichneumonidae. *Memoria Academia de Ciencias Exactas, Físicas y Naturales*. Madrid. 31:293 pp.

CEBALLOS, G. (1941). Las Tribus de los Himenópteros de España. Instituto Español de Entomología, Madrid. 163 pp.

CEBALLOS, G. (1956). Catálogo de los himenópteros de España. Edit. Instituto Español de Entomología, 554 págs., 1 mapa.

CEBALLOS, G. (1959). "Primer suplemento al Catálogo de los Himenópteros de España". *Eos*, 35:215-242.

CEBALLOS, G. (1960). "Análisis sucinto del Catálogo de Himenópteros Neárticos de H.K. Townes en lo que se refiere a la fam. Ichneumonidae y su sistema". *Eos,* 36:17-23.

CEBALLOS, G. (1964). "Segundo suplemento al Catálogo de los Himenópteros de España". *Eos.* 40:43-97.

CEBALLOS, G. (1966). "Unos comentarios al "Catalogue and Reclassification of the Eastern Paleartic Ichneumonidae", de Henry Townes, Setsuya Momoi y Marjorie Townes, Ann Arbor 1965". *Eos,* 41: 529-536.

DILLER E. & K. HORSTMANN (1994). "Typenrevision der von Victor Berthoumieu beschriebenen Phaeogenini (Insecta, Hymenoptera, Ichneumonidae, Ichneumoninae)". *Spixiana,* 17(3):247-260.

DILLER & HORSTMANN (1997). "Typenrevision der von Victor Berthoumieu beschriebenen Ichneumoninae (ohne Phaeogenini) (Insecta, Hymenoptera, Ichneumonidae)". *Spixiana,* 20 (1): 39-71.

DOMINGO-QUERO, T, M.A. ALONSO-ZARAZAGA, A. SÁNCHEZ-RUIZ, R. ARAUJO ARNERO, A. NAVÁS SÁMCHEZ, S. SÁNCHEZ MORENO, R. GARCÍA BECERRA, M. NEBREDA, M. SÁNCHEZ RUIZ, F.FONTAL-CAZALLA Y J.L. NIEVES-

ALDREY (2003). "Inventariando la biodiversidad en el Parque Nacional de la Caldera de Taburiente (La Palma, Islas Canarias, España): novedades científicas". *Graellsia,* 59(2-3): 45-68.

GOMIS, A. (2014). "Mimbres para otro cesto: De la Sección de Entomología del Museo Nacional de Ciencias Naturales al Instituto Español de Entomología". *Bol. R. Soc. Esp. Hist. Nat. Sec. Biol.,* 108, 2014, 37-47.

HEINRICH, G.H.. 1938. "Les Ichneumonides de Madagascar. III Ichneumonidae Ichneumoninae". *Mémoires de l'Académie Malgache.* Fascicule 25. 139 pp.

HORSTMANN, K. (1992). "Typenverzeichnis der von A. Seyrig beschriebenen westpaläarktischen Ichneumonidae, mit einer Revision der Campopleginae (Hymenoptera)". *NachrBl. Bayer Ent.,* 41(2): 56-62.

HORSTMANN, K. & S. BORDERA (1995). "Type revisions of Ichneumonidae (Hymenoptera) described by Kriechbaumer from Mallorca". *NachrBl. Bayer Ent.,* 44(3/4): 49-55.

IZQUIERDO MOYA, I. (1982). "Las especies canarias de *Enicospilus* Steph. (Hymenoptera, Ichneumonidae)". *Eos,* 57 (1981), pp. 117-126.

IZQUIERDO MOYA, I. (1984). "Especies paleárticas de *Enicospilus* Steph., 1832 (Hymenoptera, Ichneumonidae, Ophioninae) del Instituto Español de Entomología". *Boletín de la Asociación Española de Entomología,* 8: 95-100.

IZQUIERDO MOYA, I. Y C. REY (1986). "Ichneumonidae nuevos para Canarias y nuevas localidades (Hym., Ichn.)". *Graellsia,* 41 (1985), pp. 105-111.

IZQUIERDO, I, C. MARTÍN, M. PARÍS Y C. SANTOS, (1997). "La colección de Entomología del Museo Nacional de Ciencias Naturales (CSIC)". *Graellsia,* 53: 49-85.

IZQUIERDO MOYA, I. (2013). "Los tesoros del investigador: las colecciones de Historia Natural como referencia del trabajo científico". En: A. González Bueno y A. Baratas Díaz (eds.). Museos y colecciones de Historia Natural. Investigación, educación y difusión. *Memorias de la Real Sociedad Española de Historia Natural*, tomo XI, pp.:69-83.

IZQUIERDO MOYA, I, C. MARTÍN ALBALADEJO, J. DIAZ DE CASTRO Y A. GONZÁLEZ GALÁN (2010). "Catálogo de los tipos de especies de hexápodos descritos de las Islas Canarias conservados en el Museo Nacional de Ciencias Naturales". *Vieraea, 38:*25-34.

MARTÍN ALBALADEJO, C. (2004). Bibliografía Entomológica de Autores Españoles (1758-2000). Museo Nacional de Ciencias Naturales, CSIC.

MARTÍN ALBALADEJO, C. & I. IZQUIERDO MOYA (2006). "Tipos de especies de insectos descritas de la Comunidad de Madrid, conservadas en el Museo Nacional de Ciencias Naturales. Inventario Preliminar". *Graellsia, 62 (*número extraordinario): 109-144.

MARTÍN ALBALADEJO, C. (2016). "In Memoriam. Recuerdo de Isabel Izquierdo Moya (1946-2015)". *Boletín de la Asociación Española de Entomología, 40 (1-2):00-00.*

MARTÍN ALBALADEJO, C Y J.L. NIEVES ALDREY (2016). "In Memoriam: Isabel Izquierdo Moya (1946-2015)". *Graellsia,* 72(1): nc003.

MARTÍN ALBALADEJO, C., A. NOTARIO GÓMEZ Y A.V. CARRASCOSA SANTIAGO (2016). "El Instituto Español de Entomología (CSIC) y la multitud molesta". *Asclepio,* 68(1): p124 doi: http://dx.doi.org/10.3989/asclepio.2016.36.

NIEVES-ALDREY J.L. Y F. FONTAL-CAZALLA, (1997). Los insectos de la isla de Coiba (Panamá). Abundancia y dinámica estacional. Análisis del caso de los himenópteros (Hexapoda, Hymenoptera). In: Santiago Castroviejo (ed.). *Flora y Fauna del Parque Nacional de Coiba (Panamá) Inventario preliminar.* A.E.C.I. Madrid: 329-361.

ORTEGA, G. AND BÁEZ, M. 1980. "Contribución al conocimiento de los Ichneumonidos de las Islas Canarias. I. Subfamilia Gelinae (Hymenoptera: Ichneumonidae)". *Anuario de Estudios Atlánticos.* 26:15-107. (1903).

ORTEGA, G. AND BÁEZ, M. 1984. "Contribución al conocimiento de los Ichneumonidos de las Islas Canarias. II. Subfamilia Metopiinae (Hymenoptera, Ichneumonidae)". *Vieraea.* 13(1-2)(1983):93-102.

ORTEGA, G.. 1985. "Contribucion al conocimiento de los Ichneumonidos de las Islas Canarias. III. Subfamilia Pimplinae (Hym., Ichneumonidae)". *Vieraea.* 15(1-2):7-29.

PASCAL ROUSSEL, P., C. VILLEMANT & A. SEYRIG (2011). "Ichneumonid wasps from Madagascar. V. Ichneumonidae Cremastinae". *Zootaxa,* 3118: 1–30.

REY C. E I. IZQUIERDO MOYA (1985). "Sobre las especies canarias de *Dusona* Cameron, 1900 (Hym. Ichn.)". *Boletín de la Asociación Española de Entomología,* 9, pp. 317-320.

REY DEL CASTILLO, C. E I. IZQUIERDO MOYA (1985). "Tipos de especies de Himenópteros descritas por G. Ceballos en el Museo de Ciencias Naturales de Madrid". *Eos,* 65(2) (1989), pp. 251-264.

REY DEL CASTILLO, C. 1989. "Especies paleárticas de Banchini y Glyptini (Hym., Ichneumonidae) representadas en el Museo Nacional de Ciencias Naturales de Madrid". *Boletín de la Asociación Española de Entomología,* 13:183-193.

REY DEL CASTILLO, C. 1990. "Los Icneumónidos de la subfamilia Banchinae en las Islas Canarias (Hym., Ichneumonidae)". *Vieraea.* 18:353-369.

REY DEL CASTILLO, C. 1992. "Revisión de las especies oeste-paleárticas del subgénero *Loxonota* Aubeet, 1978

(Hymenoptera, Ichneumonidae)". *Ann.Soc. Ent. France (N.S.),* 28: 133-156.

SANTOS MAZORRA, C.M. (1994). Catálogo de los insectos recolectados por la Comisión Científica del Pacífico (1862-1865). Serie de *Manuales Técnicos de Museología,* nº 5 B. Sanchíz (ed.). Museo Nacional de Ciencias Naturales. CSIC. 196 pp.

SCHWARZ, M (1993). "Die *Gelis*-Arten mit apteren Weibchen (Hymenoptera, Ichneumonidae) der Kanarischen Inseln". *Linzer biol. Beitr.,* 25:355-372.

SCHWARZ, M (1995). "Revision der westpaläartischen Arten der Gattungen *Gelis* Thunberg mit apteren Weibchen und *Thaumatogelis* Schmiedeknecht (Hymenoptera, Ichneumonidae. Teil 1". *Linzer biol. Beitr.,* 27:5-105.

SCHWARZ, M (1998). "Revision der westpaläartischen Arten der Gattungen *Gelis* Thunberg mit apteren Weibchen und *Thaumatogelis* Schmiedeknecht (Hymenoptera, Ichneumonidae. Teil 2". *Linzer biol. Beitr.,* 30 (2):629-704.

SCHWARZ, M (2001). "Revision der westpaläartischen Arten der Gattungen *Gelis* Thunberg mit apteren Weibchen und *Thaumatogelis* Schmiedeknecht (Hymenoptera, Ichneumonidae. Teil 4". *Linzer biol. Beitr.,* 33 (2):111-1155.

SCHWARZ, M (2002). "Revision der westpaläartischen Arten der Gattungen *Gelis* Thunberg mit apteren Weibchen und *Thaumatogelis* Schmiedeknecht (Hymenoptera, Ichneumonidae. Teil 3". *Linzer biol. Beitr.,* 34 (2):1293-1392.

SELFA, J. AND BORDERA, S. (1993). "Estudio de los Ichneumoninae peninsulares del Museo Nacional de Ciencias Naturales. Phaeogenini (Hymenoptera: Ichneumonidae)". *Boletín de la Asociación Española de Entomología.* 17(2):37-47.

SELFA, J. 1994. "Ichneumoninae of the Kriechbaumer's collection preserved in Madrid (Hymenoptera, Ichneumonidae)". Verhandlungen des 14. Internationalen Symposiums für Entomofaunistik in Mitteleuropa, AIEEC, in München. 441-442.

SELFA, J. AND BORDERA, S. (1995). "Study of the Peninsular Ichneumoninae of the Museo Nacional de Ciencias Naturales, II. Ichneumoninae Stenopneusticae (Hymenoptera, Ichneumonidae)". *Linzer Biologische Beiträge.* 27(1): 441-480.

SEYRIG, A. (1926). "Études sur les Ichneumonidaes (Hymen.). I". *Eos,* 2:115-133.

SEYRIG, A. (1927). "Études sur les Ichneumonidaes (Hymen.). II". *Eos,* 3:201-242.

SEYRIG, A. (1928). "Études sur les Ichneumonides (Hymen.) III". *Eos,* 4:375-398.

SEYRIG, A. (1932). Les Ichneumonides de Madagascar. I Ichneumonidae Pimplinae. Mémoires de l'Académie Malgache. Fascicule 11. 183PP. (450).

SEYRIG, A. (1934). Les Ichneumonides de Madagascar. II Ichneumonidae Tryphoninae et Supplement aux I. Pimplinae. *Mémoires de l'Académie Malgache.* 19:1-111. (2541).

SEYRIG, A. (1952). Les Ichneumonides de Madagascar. IV Ichneumonidae Cryptinae. MÉMOIRES DE L'ACADÉMIE MALGACHE. FASCICULE XIX. 213 PP. (452).

SHORT, J.R.T. (1952). "The morphology of the head of larval Hymenoptera with special reference to the head of Ichneumonidae, including a classification of the final instar larvae of the Braconidae". *Transactions of the Royal Entomological Society of London,* 103:27-84.

SHORT, J.R.T. (1978). "The final larval instars of the Ichneumonidae". *Memoirs of the American Entomological Institute*, 52: 508 pp.

TOWNES, H. (1969). "The genera of Ichneumonidae, part 1". *Mem. Amer. Ent. Inst.,* 11: 300 pp.

TOWNES, H. (1970a). "The genera of Ichneumonidae, part 2". *Mem. Amer. Ent. Inst.,*12: 537 pp.

TOWNES, H. (1970b). "The genera of Ichneumonidae, part 3". *Mem. Amer. Ent. Inst.,* 13: 307 pp.

TOWNES, H. (1971). "The genera of Ichneumonidae, part 4". *Mem. Amer. Ent. Inst.,* 17: 372 pp.

YU, D. S., K. HORSTMANN (1977). "A Catalogue of World Ichneumonidae (Hymenoptera)". *Memoirs of the American Entomological Institute*, 58:1558 pp.

YU, D.S., VAN ACHTERBERG & K. HORSTMANN (2005). World Ichneumonoidea 2004. Taxonomy, Biology, Morphology and Distribution CD/DVD. Taxapad, Vancouver, Canada. www.taxapad.com.

YU, D.S., VAN C. ACHTERBERG & K. HORSTMANN (2012). *Taxapad 2012- World Ichneumonoidea 2011. Taxonomy, Biology, Morphology and Distribution.* On USB Flash drive. www.taxapad.com.

AL OTRO LADO DEL ESTRECHO: ENTOMÓLOGOS DEL MUSEO NACIONAL DE CIENCIAS NATURALES EN LOS TERRITORIOS DEL ÁFRICA HISPANA (1859-1937)

Antonio González Bueno y Alberto Gomis Blanco

Universidad Complutense de Madrid y Universidad de Alcalá respectivamente

Naturam et artem sub uno tecto in publicam utilitatem consociavit

Quizás nadie como Isabel Izquierdo supo hacer realidad las palabras que Carlos III hizo colocar en el frontispicio de la primera sede de su Real Gabinete de Historia Natural, en el número 13 de la madrileña calle de Alcalá, corriendo el año de 1774, y con la que hemos querido introducir estas líneas: 'Naturam et artem sub uno tecto in publicam utilitatem consociavit'. Isabel dedicó gran parte de su vida profesional a estudiar, conservar y difundir las valiosas colecciones entomológicas del Museo Nacional de Ciencias Naturales, esos 'tesoros del investigador'' (Izquierdo, 2013) cuyo potencial científico supo valorar al máximo.

Las colecciones entomológicas fueron, para Isabel Izquierdo, el eje central de su actividad profesional en el Museo Nacional de Ciencias Naturales durante muchos años. Gracias a su gestión, encontraron una mejor reubicación en módulos separados de los despachos y laboratorios. En su última etapa se volcó en proyectos y estudios sobre la Historia de la Entomología española (Martín, Nieves, 2016); destaca, entonces, su activísima participación en el proyecto «Recuperación y estudio del patrimonio científico de Manuel Martínez de la Escalera

(1867-1949). La aportación de un naturalista olvidado», uno de cuyos resultados fue la coedición de una espléndida monografía sobre este naturalista (Martín, Izquierdo, 2011a).

Al tributarle este homenaje hemos querido acercarnos a su mundo a través de nuestra visión como historiadores de la Ciencia (González Bueno, Gomis Blanco, 2001; 2002; 2007; Gomis Blanco, 2002a; 2002b; 2004; González Bueno, 2002; 2004; González Bueno y cols., 1988), y por ello nos ha parecido adecuado abordar, someramente, el origen de algunas de las colecciones que pasaron por sus manos.

EXPEDICIONES DE LOS ENTOMÓLOGOS VINCULADOS AL MUSEO POR EL ÁFRICA HISPANA (1859-1937)

En 1881 aprovechando la reunión del Congreso de la *Association française pour l'avancement des sciences*, celebrado en Argelia, Ignacio Bolívar Urrutia (1850-1944) visitó el norte marroquí, pero lo hizo fugazmente. Dos años más tarde, en 1883, organizó y dirigió la primera excursión con alumnos universitarios por estos territorios. Entre quienes con él viajaron figuraban Odón de Buen (1863-1945), Eduardo Reyes Prósper (1860-1921) y Antonio Vila Nadal (1861-1941) quienes, al poco tiempo, empezarían a descollar como naturalistas; también participaron Manuel Antón y Ferrándiz (1849-1929), en esos momentos ayudante del Museo Nacional de Ciencias Naturales, dedicado a la malacología, y el farmacéutico César Chicote (1861-1950) quien, como agregado a la misma, hubo de sufragar sus gastos; los expedicionarios viajaron desde Tánger a Tetuán y, de aquí, a Ceuta (Bolívar, 1938: 327).

No era éste el primer contacto de naturalistas españoles con la inmensa riqueza entomológica marroquí; en el verano de 1859, Fernando Amor y Mayor (1822-1863) recorrió Marruecos, habiendo establecido contacto, en Tánger, con los entomólogos Jerónimo Olcese y Juan

Favier, al servicio de zoólogos franceses y dispuestos a ser contratados por cualquier coleccionista (López Ontiveros, 2008).

Por otro lado, en 1866 se celebró la primera expedición científico-comercial del moderno colonialismo español, nos referimos a la que, organizada por la Sociedad Española de Geografía Comercial, llevó al comandante Julio Cervera (1854-1927), al geólogo Francisco Quiroga (1853-1894) y al intérprete Felipe Rizzo (1823-1908) a los territorios del Sáhara (Rodríguez Esteban, 2008: 17). La expedición fue un éxito, tanto desde el punto de vista científico como comercial; los miriápodos, ortópteros y hemípteros recogidos fueron estudiados por Ignacio Bolívar ese mismo año (I. Bolívar, 1886b), mientras que Francisco de Paula Martínez y Saez (1835-1908) hacia lo propio con los coleópteros (Martínez Saez, 1886b).

La primera presencia estable de un naturalista hispano en territorio africano es la de Manuel Martínez de la Escalera y Pérez de Rozas (1865-1949), de formación autodidacta, llevó a cabo la más importante serie de viajes de recolección realizados por las posesiones españolas en África; sobresalió en el estudio de los coleópteros, pero capturó decenas de miles de otros insectos. A propuesta de la Sociedad Española de Historia Natural fue nombrado, por el Ministro de Estado, mediante real orden de 27 de mayo de 1901, vocal naturalista de la Comisión de Límites de los Territorios Continentales del Golfo de Biafra (M. Martínez de la Escalera, 1902: 31), de la que también formaron parte los naturalistas Amado Osorio (1851-1917) y Enrique D´Almonte (1858-1917); Manuel Martínez de la Escalera se instaló en Cabo San Juan, recogió en torno a los 12.000 ejemplares de fauna y flora durante los ochenta días que permaneció en aquel territorio (López Vilches, 1901; Gutiérrez Sobral, 1902; González Bueno, Gomis Blanco, 2007: 315-319). Por otra real orden, ésta de 25 de noviembre de 1901, fue nombrado vocal secretario de la Comisión de la Fauna y Flora de las Posesiones Españolas de África para la preparación y estudio de las colecciones traídas por la comisión de límites apuntada.

Desde 1905 Manuel Martínez de la Escalera figuró en la Comisión para la Exploración y Estudio del Noroeste de África, organizada por la Real Sociedad Española de Historia Natural, como comisario de ella, con residencia eventual en Mogador y Marrakesh; un puesto que se vio acompañado, por decisión de Manuel Allendesalazar (1856-1923), a la sazón Ministro de Estado, transmitida de real orden de 1 de enero de 1909, con el de agente oficioso de España en Marrakesh, bajo las órdenes inmediatas del Ministro plenipotenciario de S.M. en Tánger; todo ello sin perjuicio de continuar el estudio zoológico a él encomendado en aquella parte de Marruecos. A consecuencia de la guerra de 1914 cesó de depender de la Dirección General de Marruecos y Colonias (Ministerio de Estado), abandonó su residencia en Marruecos y regresó a la metrópoli; quedaría adscrito al Museo Nacional de Ciencias Naturales.

En algunas ocasiones, Manuel Martínez de la Escalera trabajó junto a su hijo, Fernando Martínez de la Escalera Goróstegui (1895-1988), en exploraciones económicamente sostenidas a través de instituciones científicas o bien por ellos mismos. Nos queda constancia de la campaña entomológica que, financiada por la Junta de Ampliación de Estudios, llevó a cabo Fernando Martínez de la Escalera en el Sus, en los meses de febrero a abril de 1912, durante la que recorrió Agadir, Ksima y Aglu; la segunda campaña que realizaba en esa región (F. Martínez de la Escalera, 1913). Antes, en 1910, realizado una expedición al Glaui. Entre abril y junio de 1913 participó, junto a Constancio Bernaldo de Quirós (1873-1959), Lucas Fernández Navarro (1869-1930), Ángel Cabrera Latorre (1879-1960) y Juan Dantín Cereceda (1881-1943) en la expedición "Campaña de paz y de progreso entre las campañas militares" promovida por la Real Sociedad Española de Historia Natural, resultado de la cual fue la publicación del libro *Yebala y el Bajo Lucus*, aparecido el año siguiente (Bernaldo de Quirós, 1914). Esta misma Sociedad fue la promotora de la excursión científica que realizó, en compañía de Eugenio Morales Agacino (1914-2002), durante la segunda quincena de agosto y primera decena de septiembre de 1932 al Protectorado; un viaje que les llevó de caza por las tierras de Tetuán, Xauen, Bab-Taza, Ketama, Teffer, Alcazarquivir y Larache (Morales, 2001).

A raíz de la ocupación de Ifni por España, Fernando Martínez de la Escalera participó, como colector zoológico, en dos comisiones científicas cuyo objeto fue el estudio científico de la zona ocupada. La primera, en mayo de 1934, contó con la jefatura de Eduardo Hernández-Pacheco (1872-1965); estaba integrada por Francisco Hernández-Pacheco (1899-1976), Luis Lozano (1879-1958) y Arturo Caballero (1877-1950); la segunda, realizada junto al colector del Museo J. Hernández, tuvo lugar en diciembre de ese mismo año. El recorrido seguido por Fernando Martínez de la Escalera en sus dos expediciones a Ifni se detalla en un trabajo de Ignacio Bolívar, donde éste relata la fauna entomológica del territorio (Bolívar, 1935 [1936]).

El interés de Juan Gil Collado (1901-1986), conservador del Museo Nacional de Ciencias Naturales, por la entomología médica y, en especial, por el estudio del paludismo, le llevó a recorrer, en varias ocasiones, los territorios españoles en África. En 1923, en un viaje financiado por el Ministerio de Estado, participó, bajo la dirección del botánico Arturo Caballero Segarés y en compañía del hidrobiólogo Luis Pardo (1897-1958), en una misión por la región occidental del Protectorado español en Marruecos, con centro en Larache, con objeto de experimentar, en algunos focos de paludismo, el efecto de las *Chara* sobre las larvas de los mosquitos transmisores (Caballero, 1923). En 1930 Gil Collado formó parte de la 'Misión Científica Bolívar' y en 1932, junto con Federico Bonet, fue comisionado por la Dirección General de Marruecos y Colonia para realizar estudios de entomología médica en Fernando Poo; comisión que, como veremos más adelante, se desarrolló de enero a marzo de 1933.

La 'Misión Científica Bolívar' fue organizada, bajo la dirección de Cándido Bolívar (1897-1976), por la Facultad de Ciencias de la Universidad de Madrid y financiada por la Universidad madrileña y el Museo Nacional de Ciencias Naturales. Del 11 al 29 de junio de 1930 recorrieron la región rifeña. Integraron esta expedición, además de Cándido Bolívar y de Juan Gil, Federico Bonet Marco (1906-1980), profesor de la Universidad de Madrid; Augusto Gil Lletget, ayudante del Museo; Luz Trinidad Gutiérrez Sarasibar (1907-1933), profesora del Instituto de Noya (La Coruña) y los licenciados en Ciencias Naturales Paulina de Zavala Labora, María de la Encarnación Sánchez Herrero, Fernando Galán Gutiérrez, Manuel Jordán de Urríes y Azara, José Madrid Roberts y Jaime Rojas Gutiérrez, además del colector del Jardín Botánico, Sr. Hernández (C. Bolívar, 1930; Mas-Guindal, 1931; Gomis, 2000).

En junio de 1932, Cándido Bolívar, llevó a cabo su segundo viaje por Marruecos, recorriendo las regiones de Ketama y Senahia, entre otras; de aquel viaje disponemos de un testimonio fílmico, tomado por Guillermo Fernández López-Zúñiga [Guillermo Zúñiga] (1909-2005) y montado por Carlos Velo Cobelas (1909-1988), fue proyectado en la sesión celebrada, el 11 de enero de 1933, por la Sociedad Española de Historia Natural ([SEHN], 1933).

La expedición J. Gil – F. Bonet, ya apuntada, llevaría a ambos naturalistas, comisionados por la Dirección General de Marruecos y Colonias, a realizar diferentes estudios de entomología médica en Fernando Poo, de enero a marzo de 1933. La propuesta de su designación debió partir del Museo de Madrid, pues según copia manuscrita que se conserva en el Archivo del mismo, junto a sus nombres, a los que se presenta como *"conservadores de este Centro y Doctores en Ciencias"*, se calcula en 29.918 pesetas el importe total del viaje (Archivo del Museo Nacional de Ciencias Naturales. Signatura: CN0347/007). En ella participó también Luz Trinidad Gutiérrez, esposa de Federico Bonet, que fallecería poco después del regreso por causas desconocidas y aparentemente relacionadas con alguna enfermedad que pudo contraer durante el transcurso del viaje (C. Bolívar, 1933; Gil Collado, 1935).

EL ESTUDIO DE LAS COLECCIONES ENTOMOLÓGICAS DE LAS POSESIONES HISPANAS DEPOSITADAS EN EL MUSEO NACIONAL DE CIENCIAS NATURALES (1859-1937)

La nómina de entomólogos que se ocuparon de los materiales de las posesiones hispanas africanas depositados en el Museo Nacional de Ciencias Naturales es muy amplia. En ocasiones fueron los mismos actores que habían recorrido aquellos territorios los que procedieron a su estudio, como son los casos de Ignacio Bolívar y Manuel Martínez de la Escalera, los primeros en los que vamos a detenernos.

Ignacio Bolívar Urrutia había sido el más joven de los fundadores de la Sociedad Española de Historia Natural (1871) y su más decidido impulsor. Ayudante del Museo Nacional de Ciencias Naturales (1875), catedrático de Articulados de la Universidad Central (1877-1920), decano de la Facultad de Ciencias, director del Museo Nacional de Ciencias Naturales (1901-1936) y del Real Jardín Botánico (1921-1930), presidió la Junta para Ampliación de Estudios (1934-1936). Tras la guerra civil se exilió en México (Gomis, 1997). Reconocido internacionalmente como una de las primeras autoridades en insectos, particularmente en ortópteros, en su producción no podían faltar los estudios sobre la fauna africana. Aun cuando viajó y cazó en estos territorios, la práctica totalidad de sus trabajos sobre esta fauna los llevó a cabo sobre materiales recogidos por otros expedicionarios, depositados en el Museo Nacional de Ciencias Naturales de Madrid o en su colección particular. Así, en 1886, publicó las listas de coleópteros, neurópteros, ortópteros, hemípteros, lepidópteros y arácnidos recogidos por Amado Osorio en su viaje a Fernando Poo y el golfo de Guinea (I. Bolívar, 1886a) y el catálogo de miriápodos, ortópteros y hemípteros cazados por la expedición llevada a cabo por Julio Cervera, Francisco Quiroga y Felipe Rizzo en ese año de 1886 (I. Bolívar, 1886b); en 1898 se ocupó de algunos ortópteros recogidos, en territorio de Marruecos, por Jerónimo Olcese (I. Bolívar, 1898a; 1898b).

Entre 1903 y 1910 vieron la luz, en el volumen primero de las *Memorias de la Sociedad Española de Historia Natural,* sus trabajos sobre la fauna entomológica de Guinea; el objeto de este primer volumen fue el estudio de las colecciones recogidas por la comisión enviada al río Muni en 1901; los estudios de Ignacio Bolívar quedan dedicados a los ortópteros acridioideos (I. Bolívar, 1905a); los fasgonurídeos (I. Bolívar, 1906), los mántidos (I. Bolívar, 1908a) y los aquétidos (I. Bolívar, 1910), tanto de este territorio como de las zonas limítrofes; trabaja sobre ejemplares colectados por Manuel Martínez de la Escalera y los propios de su colección procedentes, en su mayor parte, de las capturas de Leopold Conradt (*fl.* 1875-1910). En ese primer tomo de las *Memorias...* figura Ignacio Bolívar como primer firmante de la introducción; tras su nombre se hace constar el cargo de presidente de la comisión de estudio de las colecciones del Muni. Él mismo había gestionado y obtenido del Ministerio de Estado la subvención que permitió la publicación del volumen ([SEHN], 1902: 274).

También a iniciativa suya se constituyó, en 1905, la Comisión de Estudios del Noroeste de África. En la primavera de 1905, visto el giro que tomaban los asuntos de Marruecos y la inminente intervención de las potencias europeas, se nombró, en el seno de la Sociedad Española de Historia Natural, una Comisión formada por él mismo y por Salvador Calderón (1851-1911), Blas Lázaro (1858-1921) y Manuel Martínez de la Escalera, para planificar el estudio científico del territorio marroquí, conformada con independencia de la gestión ordinaria de la Sociedad; estuvo presidida por Manuel Allendesalazar y, en ella, Ignacio Bolívar desempeñó el rol de secretario.

Otro de sus trabajos más significativos es el estudio de los *Sciobia* africanos, construido sobre las colecciones del *Muséum National d'Histoire Naturelle* de París y las del Museo Nacional de Ciencias Naturales de Madrid, provenientes, en su mayor parte, de las capturas marroquíes de Manuel Martínez de la Escalera (I. Bolívar, 1912; 1925). En 1914 publicó un extenso trabajo sobre los dermápteros y ortópteros de Marruecos (I. Bolívar, 1914) y, en 1915, un amplio estudio sobre la fauna entomológica paleártica marroquí (I. Bolívar, 1915).

De 1935 datan sus "Apuntes para la fauna entomológica de Ifni" en los que detalla el itinerario recorrido por Fernando Martínez de la Escalera en las dos ocasiones que exploró aquella región y examina los ortópteros recolectados, así como algunos ejemplares que, en el mes de abril de 1935, había cazado Mariano Ferrer Bravo (1833-1936) en ese territorio, cedidos a Ignacio Bolívar para su estudio a través de Francesc Español Coll (1907-1999), jefe de la sección de Entomología del *Museu de Ciències Naturals* de Barcelona (I. Bolívar, 1935).

En las páginas del *Boletín de la Sociedad Española de Historia Natural* insertó varios trabajos, de menor extensión, sobre insectos del continente africano (I. Bolívar, 1902b; 1905b; 1905c; 1907; 1908b; 1908c); ocasionalmente, algunas de sus contribuciones breves vieron la luz en las páginas del *Bulletin de la Société Entomologique de France* (I. Bolívar, 1902a). Su última aportación al conocimiento de la entomología africana se publicó en la revista *Eos*, nacida, bajo su dirección, como órgano de la sección de Entomología del Museo Nacional de Ciencias Naturales; se ocupa en ella de algunos ortópteros del Ifni (I. Bolívar, 1935 [1936]).

La otra gran figura de la entomología norteafricana, en el período anterior a la guerra civil, es Manuel Martínez de la Escalera quien, tras regresar a la metrópoli de su residencia en Marruecos, en 1915, fue pensionado por la Junta para Ampliación de Estudios, con una beca transitoria y variable, por trabajos en el laboratorio del Museo Nacional de Ciencias Naturales, donde quedó adscrito a la sección de Entomología para el estudio y arreglo de las colecciones de coleópteros de España y noroeste de África. En el verano de 1932 (15/07) obtuvo el nombramiento, previa oposición, de entomólogo agregado al Museo Nacional de Ciencias Naturales; al año siguiente (1933), el Museo Nacional de Ciencias Naturales adquirió su colección entomológica (Barreiro, 1944). En Villaviciosa de Odón dispuso de un laboratorio privado en donde llevaba a cabo observaciones biológicas, estudios de control de plagas forestales y preparaba colecciones para la venta (Bach y Compte, 1997: 385).

Antes de regresar formalmente a Madrid, en 1914, Manuel Martínez de la Escalera publicó *Los Coleópteros de Marruecos* (M. Martínez de la Escalera, 1914), una primera síntesis de sus campañas entomológicas; a lo largo de sus 554 páginas enumera cerca de 3.000 especies, de las que tres géneros, 212 especies y 32 variedades se describen por vez primera; además presenta múltiples observaciones sobre la distribución geográfica, en Marruecos, de los insectos de este grupo. La gran mayoría de las piezas habían sido recogidas por él, pero también incluye las de otros entomólogos, entre las que se encuentran las cazadas por su hijo Fernando Martínez de la Escalera. Algunas de las nuevas especies que figuran en este texto, como muchas otras que se recogen en su amplísima producción sobre la fauna entomológica de los territorios españoles en África, vieron la luz en notas aparecidas en las páginas de las publicaciones la Real Sociedad Española de Historia Natural o en las del propio Museo Nacional de Ciencias Naturales, en un número de artículos que supera el medio centenar (González Bueno y Gomis Blanco, 2007: 317-319; Martín e Izquierdo, 2011b: 115-122). El propio autor publicó sus contribuciones en un trabajo de síntesis, impreso en 1942, bajo el título de *Trabajos entomológicos, muy especialmente sobre coleópteros de España y Noroeste de África* (M. Martínez de la Escalera, 1942).

Además de estas dos grandes figuras, es preciso destacar los nombres de Francisco de Paula Martínez y Sáez, Manuel Medina, José María Dusmet, José Arias, Cándido Bolívar, Ángel Zarco, Juan Gil Collado, Gonzalo

Ceballos, Fernando Martínez de la Escalera, Juan Gómez-Menor, Antonio García Varela y Dionisio Peláez; todos ellos vinculados, de una u otra manera, al Museo Nacional de Ciencias Naturales.

Francisco de Paula Martínez y Sáez (1835-1908), licenciado y doctor (1863) en Ciencias, sección de Naturales, luego de ser ayudante de la Universidad Central y trabajar en el Museo Nacional de Ciencias Naturales, donde se ocupó especialmente; de las colecciones de vertebrados, obtuvo la cátedra de Historia Natural en el Instituto de Teruel, pasó por los Institutos de Oviedo y Jerez, hasta que, en 1872, obtuvo la cátedra de Zoografía de vertebrados de la Universidad de Madrid. En 1886 elaboró una nota sobre los coleópteros recogidos en España y norte de África por Ignacio Bolívar, donde enumera 266 taxones, buena parte de ellos cazados en Marruecos (Martínez Sáez, 1886a); según nuestros datos, él nunca pisó territorio africano. Ese mismo año estudió los coleópteros recogidos durante la expedición al Sáhara de Cervera, Rizzo y Quiroga (Martínez Sáez, 1886b).

Manuel Medina Ramos (1861-1922), médico de formación, dedicó su atención a los himenópteros; a la vez que efectuaba, en Madrid, sus estudios de doctorado, llevó a cabo sus primeros trabajos entomológicos, bajo la dirección de Ignacio Bolívar, en el Museo Nacional de Ciencias Naturales (Barras de Aragón, 1922). Entre los años 1888 y 1907 fue un entusiasta cazador y colector de insectos, de los cuales llegó a formar una buena colección que, al abandonar su estudio, cedió a la Universidad Central, donde, según José María Dusmet (1944), casi se apolilló por completo, pudiéndose salvar muy pocos restos para el Museo Nacional de Ciencias Naturales de Madrid. Su contribución al conocimiento de la fauna norteafricana se limita a la determinación de los escasos insectos recolectados por Manuel Iborra durante su destino en el Hospital militar de las islas Chafarinas (1891-1894). Los datos suministrados por Manuel Medina fueron publicados por Salvador Calderón (1851-1911) en los Anales de la *Española* (Calderón, 1894).

José María Dusmet Alonso (1869-1960) fue licenciado (1891) y doctor (1894) en Ciencias, sección Naturales, por la Universidad de Madrid; durante más de medio siglo colaboró con el Museo Nacional de Ciencias Naturales, en donde desempeñó varios cargos con nombres diversos (agregado, naturalista, profesor honorario), siempre sin retribución (Dusmet, 1944: 62). Entre los estudios realizados sobre las colecciones de himenópteros depositadas en el Museo Nacional de Ciencias Naturales de Madrid se cuentan dos grandes trabajos dedicados a la fauna marroquí: el primero de ellos (Dusmet, 1915a) está dedicado a los ápidos cazados por Manuel Martínez de la Escalera, en sus diferentes viajes y estancias en Marruecos, y por José Arias en Melilla; como ampliación a éste publicó una nota con los ejemplares aún conservados por Manuel Martínez de la Escalera en su colección particular (Dusmet, 1915b). El segundo lo consagró a las familias de los véspidos, euménidos y masáridos (Dusmet, 1917); trabajó sobre los ejemplares cazados por Manuel Martínez de la Escalera, José Arias y Luis Lozano Rey; la mayor parte de los materiales estudiados estaban depositados en el Museo Nacional de Ciencias Naturales de Madrid, pero también se ocupó de parte de la colección de Ricardo García Mercet (1860-1933). En 1924 publicó un trabajo sobre los ejemplares del género *Xylocopa* conservados en las colecciones de Madrid, en él dedica un espacio propio a las africanas (Dusmet, 1924: 12-29) e incorpora al texto algunas especies capturadas por Ascensi Codina Ferrer (1877-1932), depositadas en el *Museu de Ciències Naturals* de Barcelona, y otras cazadas por Manuel Martínez de la Escalera. Pocos meses después, para el primer volumen de *Eos*, describe algunas especies de himenópteros cazados por el francés Charles Alluaud (1861-1949); José Mª Dusmet había tenido oportunidad de estudiar estos ejemplares durante la última visita que el entomólogo y viajero francés había realizado al Museo Nacional de Ciencias Naturales (Dusmet, 1925). En

1928 hace públicos dos trabajos realizados, en su práctica totalidad, sobre materiales del norte de África, remitidos por dos entomólogos argelinos, Paul Th. Roth y el Dr. Cros, aunque no faltan referencias en ellos a ejemplares de su colección o ingresados en el Museo Nacional de Ciencias Naturales de Madrid, con posterioridad a su estudio del año 1917, recolectados por Juan Gil Collado, Manuel Martínez de la Escalera, José Arias y Ricardo García Mercet (Dusmet, 1928a; 1928b).

Antes de que José María Dusmet estudiara con detalle los himenópteros de Marruecos, ya Ricardo García Mercet había descrito algunas especies nuevas de este orden entre los cazados por Manuel Martínez de la Escalera durante sus expediciones marroquíes (García Mercet, 1905b; 1905c; 1913) y, con anterioridad, por Norbert Font i Sagué (1874-1910) en Río de Oro (García Mercet, 1905a). Ricardo García Mercet había obteniendo el título de licenciado (1880) y doctor en Farmacia y el de licenciado en Ciencias; en 1881 opositó, con éxito, al Cuerpo de Farmacia Militar, siendo destinado, en 1883, al Ejército de Filipinas; de regreso a España se dedicó al estudio de los himenópteros, publicando un buen número de trabajos, en su mayoría notas cortas, donde daba a conocer nuevas especies para la Ciencia. Fue secretario (1906-1920) y presidente (1921) de la Real Sociedad Española de Historia Natural; en la Asociación Española para el Progreso de las Ciencias desempeñó la secretaría hasta su fallecimiento (1933); también perteneció a las Sociedades Aragonesa y Entomológica, así como a la Real Academia de Ciencias Exactas, Físicas y Naturales, para la que fue elegido académico en 1921.

José Arias Encobet (1885-1921) desempeñó el cargo de colector y, después, el de conservador de Entomología en el Museo Nacional de Ciencias Naturales, al mismo tiempo que ejercía como auxiliar de la cátedra de Zoografía de articulados en la Universidad de Madrid, hasta que obtuvo la cátedra de Organografía y Fisiología animal de la Universidad de Barcelona. Especialista en el estudio de los dípteros, se ocupó de algunos procedentes de Marruecos, que bien figuraban en las colecciones del Museo Nacional de Ciencias Naturales o que él mismo había recolectado durante una excursión a Melilla, realizada en 1908 (Arias, 1913; 1914a; 1914b).

Cándido Bolívar Pieltain fue conservador interino (1916) y por oposición (1918) de la sección de Entomología del Museo Nacional de Ciencias Naturales, cuya jefatura alcanzó en 1922, a la par que la Cátedra de Zoografía de articulados vivientes y fósiles de la Facultad de Ciencias de la Universidad Central (1922); los puestos de responsabilidad política ocupados durante la II República le obligaron a exiliarse tras la guerra civil (Barrera, 1968; Casado y Gomis, 1998). Sus primeras contribuciones al estudio de los coleópteros de Marruecos consistieron en la descripción de algunas especies nuevas de carábidos (C. Bolívar, 1922a; 1922b).

Ángel Zarco García (1879-1933) obtuvo por oposición, en 1918, el empleo de colector del Museo Nacional de Ciencias Naturales, tras haber ejercido durante algún tiempo como colector interino; dos años más tarde pasó a la categoría de preparador, empleo en el que permanecería hasta su fallecimiento. En 1921, con destino al tomo extraordinario publicado con motivo del 50º aniversario de la fundación de la Real Sociedad Española de Historia Natural, describió una nueva especie de coleóptero sobre un ejemplar recogido en Santa Isabel de Fernando Poo por Manuel Martínez de la Escalera, en agosto de 1919 (Zarco, 1921). Ángel Zarco García era socio de la *Española* desde 1915.

Juan Gil Collado (1901-1986), licenciado y doctor en Ciencias Naturales y licenciado en Farmacia, fue profesor auxiliar en la Facultad de Ciencias y conservador del Museo Nacional de Ciencias Naturales, donde prestó especial atención a los dípteros. Visitó el territorio africano en tres ocasiones; aunque cazó materiales para sus estudios durante estos viajes, la mayor parte de sus trabajos africanistas se basan en las colecciones depositadas en el

Museo Nacional de Ciencias Naturales (Gil Collado 1929a; 1929b; 1931a; 1931b; 1931c; 1932a; 1932b; 1933).

En noviembre de 1917, apenas cuatro meses después de culminar sus estudios de ingeniero de montes, Gonzalo Ceballos Fernández de Córdoba (1895-1967) se incorporó al Museo Nacional de Ciencias Naturales como becario de la sección de Entomología; tras desempeñar diferentes empleos en el laboratorio de la fauna forestal española. En 1925 obtuvo plaza en el Cuerpo de Ingenieros de Montes, con destino en los servicios del catastro forestal de la provincia de Cádiz; en dicha ciudad permaneció hasta que, en 1934, logró la plaza de profesor de Zoología y Entomología de la Escuela Especial de Ingenieros de Montes. Tras la guerra civil asumió la dirección de la sección de Entomología del Museo Nacional de Ciencias Naturales que, poco después (Decreto 10/03/1941), se convertiría en el Instituto Español de Entomología, del que fue nombrado director (Agenjo, 1968). Especialista en icneumónidos, sus primeras citas de especies marroquíes provienen de los materiales cazados en Tánger por Manuel Martínez de la Escalera, conservados en el Museo de Ciencias de Madrid (Ceballos, 1925); dos años más tarde retomó el estudio de las capturas de M. Martínez de la Escalera realizadas en Fez, ampliando notablemente el área de algunas especies (Ceballos, 1927); en 1935 describe un género nuevo, *Thaumatevania* G. Ceballos, sobre material capturado por Manuel Martínez de la Escalera en Marrakesh, en marzo de 1906 (Ceballos, 1935b). Ese mismo año, da inicio a una serie sobre icneumónidos de Marruecos, cuya primera entrega, a la postre la única, está dedicada a las subfamilias *Joppinae* y *Cryptinae* (Ceballos, 1935a).

La colaboración de Fernando Martínez de la Escalera con el Museo Nacional de Ciencias Naturales de Madrid le llevó a ser nombrado, sin oposición, preparador adscrito a la sección de Entomología, en el otoño de 1925 (25/10) (Barreiro, 1944). Su producción escrita no fue amplia; queda reducida a la descripción de su expedición

79

entomológica desarrollada por los territorios del Sus, en 1912 (F. Martínez de la Escalera, 1913), cuya relación de coleópteros fue elaborada por su padre (M. Martínez de la Escalera, 1913).

Juan Gómez-Menor Ortega (1903-1983) había estudiado Ciencias, sección Naturales, en la Universidad Central (1921). Compaginó sus obligaciones militares en Marruecos iniciadas tras acabar sus estudios, con la realización de colecciones de insectos (Peris, 1983); en 1925 se ocupó de la ordenación de las colecciones de hemípteros conservadas en el Museo Nacional de Ciencias Naturales; un año después, en 1926, fue nombrado, por oposición, preparador de la Estación de Fitopatología de Almería. Al año siguiente, en 1927, regresó al Museo Nacional de Ciencias Naturales como naturalista agregado a la sección de Entomología; apenas un par de años después, en 1929, marchó a la Republicana Dominicana, contratado por aquel Gobierno; pasó varios años en el continente americano, antes de regresar a España, en 1940, para incorporarse a la Universidad Central como profesor ayudante; en 1944 obtuvo la cátedra de Zoología (Artrópodos) que desempeñó hasta su jubilación, en 1969 (Vázquez Martínez, 1985).

Antonio García Varela (1875-1942), discípulo de Ignacio Bolívar, bajo cuya dirección realizó su memoria doctoral sobre los redúvidos africanos de la fauna etiópica, se ocupó del estudió los hemípteros africanos conservados en el Museo Nacional de Ciencias Naturales (García Varela, 1906), gran parte de ellos recogidos por Manuel Martínez de la Escalera en la Guinea Española, además de los cazados por la expedición de Leopold Conradt al Camerún, así como algunos ejemplares de las expediciones de Achille Raffray (1844-1923) a Abisinia y de Luis Sorela (1858-1930) al Senegal. A los hemípteros de África dedicó buena parte de los trabajos que vieron la luz, fundamentalmente, en las publicaciones de la Real Sociedad Española de Historia Natural (García Varela 1903, 1904, 1905 y 1912) o en la serie de los *Trabajos del Museo Nacional de Ciencias Naturales*

(García Varela, 1913). Tras desempeñar, en el Museo Nacional de Ciencias Naturales, los cargos de ayudante y conservador, obtuvo la cátedra de Historia Natural de la Facultad de Ciencias de la Universidad de Santiago de Compostela (1906), en la cual ocupó, durante algún tiempo, el puesto de Decano. En 1920 volvió a Madrid, para desempeñar la cátedra de Organografía vegetal e integrarse en el Real Jardín Botánico, del que fue subdirector y director; a partir de ese momento su actividad científica fue, estrictamente, botánica.

Dionisio Peláez Fernández (1915-1998), formado a la sombra de Ignacio Bolívar y Cándido Bolívar, llevó a cabo la revisión de la colecciones de membrácidos del África oriental existentes en el Museo Nacional de Ciencias Naturales (Peláez, 1935); estudió el material recogido por los conservadores de este Museo, Federico Bonet y Juan Gil Collado, en la expedición que éstos llevaron a cabo, en 1933, por las posesiones del golfo de Guinea, el procedente de las recolecciones realizadas en Camerún por Leopold Conradt entre 1898 y 1899, y el de las expediciones de Manuel Martínez Escalera por estos mismos territorios.

Aunque no estuviera vinculado al Museo Nacional de Ciencias Naturales, es obligado citar los trabajos realizados por Longinos Navás Ferré (1858-1938) sobre las colecciones de neurópteros de Marruecos conservados en esta institución, provenientes de capturas realizadas por Manuel Martínez de la Escalera, en Tánger, durante 1905; José Arias en Melilla, en 1908 y Luis Lozano, también en Melilla, durante sus muchos viajes a aquel territorio (Navás, 1913), y de los insectos recogidos por Manuel Martínez de la Escalera en la expedición efectuada a Fernando Poo, entre mayo y agosto de 1919 (Navás, 1922).

CODA

En abreviada síntesis, hemos intentado contextualizar las colecciones de insectos procedentes de los territorios norte-africanos, capturados y estudiados desde los años centrales del siglo XIX a los inicios de la guerra civil española por personal vinculado al Museo de Ciencias Naturales de Madrid; testigos, como otros muchos materiales, del trabajo, perseverante y cuidadoso, de Isabel Izquierdo, quien reconoció y supo poner en valor estos 'tesoros del investigador'.

BIBLIOGRAFÍA

AGENJO, R. (1967 [1968]). "El Exc^{mo}. e Il^{mo}. S^r. Prof. D^r. D. Gonzalo Ceballos y Fernández de Córdoba 1895-1967". *Eos*, 43, pp. 319-343.

ARIAS ENCOBET, J. (1913). "Notas dipterológicas III. Sobre dos Nemestrínidos de Marruecos". *Boletín de la Real Sociedad Española de Historia Natural*, 13, pp. 150-153.

ARIAS ENCOBET, J. (1914a). "Descripciones de nuevos Midásidos de España y del Norte de África". *Boletín de la Real Sociedad Española de Historia Natural*, 14, pp. 176-178.

ARIAS ENCOBET, J. (1914b). "Dípteros de España, familia *Mydaidoe*, con descripción de algunas especies del Norte de África". *Trabajos del Museo Nacional de Ciencias Naturales (Madrid), serie Zoología*, 15, pp. 1-40.

BACH, C. y A. COMPTE (1997). "La Entomología moderna en España. Su desarrollo: de los orígenes a 1960". *Boletín de la Sociedad Entomológica Española*, 20, pp. 367-392.

BARRAS DE ARAGÓN, F. (1922). "D. Manuel Medina Ramos". *Boletín de la Real Sociedad Española de Historia Natural*, 22, pp. 343-344.

BARRERA, A. (1968). "La revista *Ciencia* y la obra entomológica del Dr. Cándido Bolívar y Pieltain". *Revista de la Sociedad Mexicana de Historia Natural*, 29, pp. 307-314.

BARREIRO, A. (1944). *El Museo Nacional de Ciencias Naturales.* Madrid, CSIC.

BERNALDO DE QUIRÓS, C. (1914). "Diario del viaje". En: [Real Sociedad Española de Historia Natural]. *Yebala y el Bajo Lucus*. Madrid, Fortanet, pp. 1-68.

BOLÍVAR PIELTAIN, C. (1922a). "Descripción de un *Laemostenus* nuevo de Marruecos (*Col. Carabidae*)". Boletín de la Real Sociedad Española de Historia Natural, 22, pp. 113-114.

BOLÍVAR PIELTAIN, C. (1922b). "Estudio de un *Sphodroides* nuevo del Rif (*Col. Carabidae*)". *Boletín de la Real Sociedad Española de Historia Natural*, 22, pp. 421-423.

BOLÍVAR PIELTAIN, C. (1933). "Llegada a Santa Isabel (Fernando Poo) de los consocios Juan Gil Collado, Federico Bonet Marco y Luz Trinidad Gutiérrez". *Boletín de la Real Sociedad Española de Historia Natural*, 33, pp. 15.

BOLÍVAR URRUTIA, I. (1886a). "Articulados". En: A. Osorio. "Fernando Póo y el Golfo de Guinea". *Anales de la Sociedad Española de Historia Natural*, 15=, pp. 341-348.

BOLÍVAR URRUTIA, I. (1886b). "Miriápodos, Ortópteros, Hemípteros". En: F. Quiroga. "Apuntes de un viaje por el Sáhara Occidental". *Anales de la Sociedad Española de Historia Natural*, 15, pp. 512-517.

BOLÍVAR URRUTIA, I. (1898a). "*Anaxiphus Averni* Costa". *Anales de la Sociedad Española de Historia Natural (Actas)*, 27, pp. 73-74.

BOLÍVAR URRUTIA, I. (1898b). "Ortópteros recogidos en Marruecos por don Jerónimo Olcese." *Anales de la Sociedad Española de Historia Natural (Actas)*, 27, pp. 74-78.

BOLÍVAR URRUTIA, I. (1902a). "Description d'un Orthoptère nouveau de l'Atlas marocain". *Bulletin de la Société Entomologique de France*, [1902], pp. 222.

BOLÍVAR URRUTIA, I. (1902b). "Nuevo *Helioscirtus* de Río de Oro". *Boletín de la Real Sociedad Española de Historia Natural*, 2, pp. 291-292.

BOLÍVAR URRUTIA, I. (1905a). "Ortópteros acridioideos de la Guinea española". *Memorias de la Real Sociedad Española de Historia Natural*, 1, pp. 209-240.

BOLÍVAR URRUTIA, I. (1905b). "Sobre algunos Decticinos africanos." *Boletín de la Real Sociedad Española de Historia Natural*, 5, pp. 343-348.

BOLÍVAR URRUTIA, I. (1905c). "Nueva especie de *Gryllomorpha* de Marruecos". *Boletín de la Real Sociedad Española de Historia Natural*, 5, pp. 349-351.

BOLÍVAR URRUTIA, I. (1906). "Fasgonurídeos de la Guinea española". *Memorias de la Real Sociedad Española de Historia Natural*, 1, pp. 327-378.

BOLÍVAR URRUTIA, I. (1907). "Los *Pamphagus* de Marruecos". *Boletín de la Real Sociedad Española de Historia Natural*, 7, pp. 325-337.

BOLÍVAR URRUTIA, I. (1908a). "Mantidos de la Guinea española". *Memorias de la Real Sociedad Española de Historia Natural*, 1, pp. 457-473.

BOLÍVAR URRUTIA, I. (1908b). "Dos nuevas especies de Hololampra de Marruecos". *Boletín de la Real Sociedad Española de Historia Natural*, 8, pp. 91-92.

BOLÍVAR URRUTIA, I. (1908c). "Algunos Ortópteros de España, Marruecos y Canarias". *Boletín de la Real Sociedad Española de Historia Natural*, 8, pp. 317-334. Madrid.

BOLÍVAR URRUTIA, I. (1910). "Aquétidos de la Guinea española". *Memorias de la Real Sociedad Española de Historia Natural*, 1, pp. 525-544.

BOLÍVAR URRUTIA, I. (1912). "Estudios entomológicos. 1ª parte. I. Los Panfáginos paleárticos. II. El género *Sciobia* Burm. (*Platybemmus* Serv.). III. El género *Hieroglyphus* Krauss y otros próximos". *Trabajos del Museo Nacional de Ciencias Naturales (Madrid), serie Zoología*, 6, pp. 1-62.

BOLÍVAR URRUTIA, I. (1914). "Dermápteros y Ortópteros de Marruecos". *Memorias de la Real Sociedad Española de Historia Natural*, 8, pp. 157-238.

BOLÍVAR URRUTIA, I. (1915). "Extensión de la Fauna Paleártica en Marruecos." *Trabajos del Museo Nacional de Ciencias Naturales (Madrid), serie Zoología*, 10: 1-83. Madrid.

BOLÍVAR URRUTIA, I. (1925). "Orthoptera Paleartica critica.- I. Contribution à la connaissance des *Scobiae* (Gryll.)" *Eos*, 1, pp. 375-440.

BOLÍVAR URRUTIA, I. (1935 [1936]). "Apuntes para la fauna entomológica de Ifni (Ortópteros)". *Eos*, 11, pp. 395-426.

BOLÍVAR URRUTIA, I. (1938). "El Instituto de Ciencias Naturales". *Madrid*, 3, pp. 319-340.

CALDERÓN ARANA, S. (1894). "Las Chafarinas". *Anales de la Sociedad Española de Historia Natural*, 23, pp. 303-316.

CASADO DE OTAOLA, S. y A. GOMIS BLANCO (1998). "Cándido Bolívar (1897-1976). Avance biográfico para un homenaje pendiente". *Boletín de la Institución Libre de Enseñanza*, 31, pp. 51.67.

CEBALLOS FERNÁNDEZ DE CÓRDOBA, G. (1925). "Revisión de los *Gelis* del Museo de Madrid (*Hym. Ichneum.*) procedentes de la Península Ibérica, Canarias y Marruecos". *Eos*, 1, pp. 133-198. Madrid.

CEBALLOS FERNÁNDEZ DE CÓRDOBA, G. (1927). "Nota sobre Icneumónidos *Gelis* de la colección del Museo de Madrid". *Eos*, 3, pp. 269-278.

CEBALLOS FERNÁNDEZ DE CÓRDOBA, G. (1935a). "Nota sobre Icneumónidos de Marruecos. I. Subfams. *Joppinae* y *Cryptinae*". *Eos*, 10, pp. 161-170. Madrid.

CEBALLOS FERNÁNDEZ DE CÓRDOBA, G. (1935b). "Un *Evaniinae* nuevo de Marruecos (*Hym. Evan.*)" *Eos*, 10, pp. 233-235.

DUSMET ALONSO, J.M. (1915a). "Ápidos de Marruecos de los gén. *Anthidium, Nomada, Melecta, Crocisa, Coelioxys* y *Phiarus*". *Memorias de la Real Sociedad Española de Historia Natural*, 8, pp. 293-334.

DUSMET ALONSO, J.M. (1915b). "Nota sobre los Ápidos de Marruecos". *Boletín de la Real Sociedad Española de Historia Natural*, 15, pp. 255-258.

DUSMET ALONSO, J.M. (1917). "Véspidos, Euménidos y Masáridos de Marruecos". *Memorias de la Real Sociedad Española de Historia Natural*, 8, pp. 343-383.

DUSMET ALONSO, J.M. (1924). "Las *Xylocopa* (*Hymen. Apidae*) en las colecciones de Madrid". *Trabajos del Museo Nacional de Ciencias Naturales (Madrid), serie Zoología*, 49, pp. 1-58.

DUSMET ALONSO, J.M. (1925). "Dos *Odynerus* y un *Gorytes* nuevos de Marruecos, con una lista de Ápidos (*Hymenopt.*)" *Eos*, 1, pp. 243-248.

DUSMET ALONSO, J.M. (1928a). "Algunos Euménidos y Masáridos del Norte de África (*Hym. Vesp.*)" *Eos*, 4, pp. 97-112.

DUSMET ALONSO, J.M. (1928b). "Algunos *Eucera* y *Tetralonia* del Norte de África (*Hym. Apidae*)". *Eos*, 4, pp. 261-282.

DUSMET ALONSO, J.M. (1944). *Recuerdos para contribuir a la historia de la Entomología de España* [*Discurso leído en el acto de su recepción... en la Real Academia de Ciencias Exactas, Físicas y Naturales*]. Madrid, RACEFN.

GARCÍA MERCET, R. (1905a). "Una *Bembex* de Río de Oro". *Boletín de la Real Sociedad Española de Historia Natural*, 5, pp. 342-343.

GARCÍA MERCET, R. (1905b). "*Bembex* nuevas de África". *Boletín de la Real Sociedad Española de Historia Natural*, 5, pp. 352-355.

GARCÍA MERCET, R. (1905c). "Un *Gorytes* y una *Bembex* de Marruecos". *Boletín de la Real Sociedad Española de Historia Natural*, 5, pp. 464-466.

GARCÍA MERCET, R. (1913). "Mutílidos nuevos de África y Canarias". *Boletín de la Real Sociedad Española de Historia Natural*, 13, pp. 257-264.

GARCÍA VARELA, A. (1903). "Redúvidos de la Guinea española". *Memorias de la Real Sociedad Española de Historia Natural*, 1, pp. 129-140.

GARCÍA VARELA, A. (1904). "Redúvidos nuevos". *Boletín de la Real Sociedad Española de Historia Natural*, 4, pp. 55-56.

GARCÍA VARELA, A. (1905). "Redúvidos nuevos o poco conocidos de la región etiópica (Guinea)". *Boletín de la Real Sociedad Española de Historia Natural*, 5, pp. 97-100.

GARCÍA VARELA, A. (1906). *Redúvidos africanos.* [*Memoria presentada para aspirar al grado de Doctor*]. Madrid, Imprenta y Litografía de Julián Palacios.

GARCÍA VARELA, A. (1912). "Notas hemipterológicas sobre Coreidos africanos (*Mictidae*) del Museo de Madrid". *Boletín de la Real Sociedad Española de Historia Natural,* 12, pp. 353-357.

GARCÍA VARELA, A. (1913). "Contribución al estudio de los Hemípteros de África". *Trabajos del Museo Nacional de Ciencias Naturales (Madrid), serie Zoología,* 12, pp. 1-33.

GIL COLLADO, J. (1929a). "Sírfidos de Marruecos del Museo de Madrid". *Memorias de la Real Sociedad Española de Historia Natural,* 12, pp. 403-415.

GIL COLLADO, J. (1929b). "Círtidos españoles y marroquíes del Museo de Madrid (*Dipt. Cyrt.*)" *Memorias de la Real Sociedad Española de Historia Natural,* 15, pp. 539-552.

GIL COLLADO, J. (1931a). "Note sur le 'jen-jen' de Fernando Póo". *Bulletin of the Exotic Pathology Society,* 24, pp. 672-677.

GIL COLLADO, J. (1931b). "La *Glossina tabaniformis* Westw. en la Guinea española (Dipt. Musc.)". *Conferencias y Reseñas Científicas de la Sociedad Española de Historia Natural,* 6, pp. 55.

GIL COLLADO, J. (1931c). "Nota sobre el 'jen-jen' de Fernando Póo". *La Medicina de los Países Cálidos,* 4, pp. 236-240.

GIL COLLADO, J. (1932a). "Notas sobre Pupíparos de España y Marruecos (*Dipt. Pupip.*)" *Eos,* 8, pp. 29-41.

GIL COLLADO, J. (1932b). "Nuevos datos sobre Pupíparos españoles y marroquíes (*Dipt. Pupip.*)" *Eos,* 8, pp. 317-323.

GIL COLLADO, J. (1933). "Dos nuevas formas del género *Nemestrellus* Sack., de España y Marruecos". Eos, 9, pp. 321-327.

GIL COLLADO, J. (1935). "Culícidos de la Isla de Fernando Poo recogidos por la expedición J. Gil - F. Bonet". *Eos,* 11, pp. 311-329.

GOMIS BLANCO, A. (1997). "Recuerdo de D. Ignacio Bolívar en el cincuentenario de su fallecimiento". *Boletín de la Real*

Sociedad Española de Historia Natural (Actas), 92, pp. 23-27.

GOMIS BLANCO, A. (2000). "Joaquín Mas Guindal y la Misión Científica Bolívar". En: P. Aceves (ed.) *Tradiciones e intercambios científicos: materia médica, farmacia y medicina.* México, Instituto Politécnico Nacional, pp. 339-348.

GOMIS BLANCO, A. (2002a). "El estudio de las colecciones recolectadas por los naturalistas hispanos en los territorios españoles del Norte de África (1860-1936)". En: D. Buican y D. Thieffry (eds.) *Biological and medical sciences.* Turnhout, Brepols, pp. 95-113.

GOMIS BLANCO, A. (2002b). "Estudio de las colecciones recolectadas por los naturalistas españoles en los territorios hispanos de África". En: A.R. Díez Torre (ed.) *Ciencia y Memoria de África.* Madrid, Ateneo de Madrid / Universidad de Alcalá, pp. 295-316.

GOMIS BLANCO, A. (2004). "Ángel Cabrera y la labor científica de la Real Sociedad Española de Historia Natural en el Norte de África". En: H. de Felipe, L. López-Ocón y M. Marín (eds.) *Ángel Cabrera: Ciencia y proyecto colonial en Marruecos.* Madrid, CSIC, pp. 215-229.

GONZÁLEZ BUENO, A. (2002). "Professionals and dilettantes dealing with the North-Africa nature: analysis of the activity of the spanish naturalists (1860-1936)". En: D. Buican y D. Thieffry (eds.) *Biological and medical sciences.* Turnhout, Brepols, pp. 115-128.

GONZÁLEZ BUENO, A. (2004). "En busca de nuevos recursos coloniales. El estudio de la flora africana (1860-1936)". En: A.R. Díez Torre (ed.) *Ciencia y Memoria de África.* Madrid, Ateneo de Madrid / Universidad de Alcalá, pp. 277-293.

GONZÁLEZ BUENO, A. y A. GOMIS BLANCO (2001). "Los naturalistas españoles en el África ecuatorial (1850-1936)". En: Carlos Aedo *et al.* (eds.) *Botánica y botánicos en Guinea Ecuatorial.* Madrid: AECI / Real Jardín Botánico (CSIC), pp. 3-21.

GONZÁLEZ BUENO, A. y A. GOMIS BLANCO (2002). *Los naturalistas españoles en el África hispana (1860-1936)*. Madrid, Organismo Autónomo Parques Nacionales.

GONZÁLEZ BUENO, A. y A. GOMIS BLANCO (2007). *Los territorios olvidados. Estudio histórico y diccionario de los naturalistas españoles en el África hispana (1860-1936)*. Madrid, Ediciones Doce Calles.

GONZÁLEZ BUENO, A. y colls. (1988). "Les campanyes botàniques de Pius Font i Quer al Nord d´Africa". *Treballs de l'Institut Botànic de Barcelona*, 12, pp. 1-173.

GUTIÉRREZ SOBRAL, J. (1902). "La Guinea Española". *Boletín de la Sociedad Geográfica de Madrid*, 44, pp. 8-16.

IZQUIERDO MOYA, Isabel (2013). "Los tesoros del investigador: las colecciones de Historia Natural como referencia del trabajo científico". *Memorias de la Real Sociedad Española de Historia Natural, segunda época*, 11, pp. 69-84.

LÓPEZ ONTIVEROS, A. (2008). "El viaje a Marruecos de Don Fernando Amor y Mayor en 1859". *Revista de Estudios Regionales*, 83, pp. 317-374.

LÓPEZ VILCHES, E. (1901). "Fernando Póo y la Guinea Española". *Boletín de la Sociedad Geográfica de Madrid*, 43, pp. 273-309.

MARTÍN ALBALADEJO, C. & NIEVES-ALDREY, J.L. "In memoriam: Isabel Izquierdo Moya (1946-2015)" *Graellsia,* 72 (1). Publicado en línea: 12/04/2016.

MARTÍN ALBALADEJO, C. & IZQUIERDO MOYA, I. (2011a). *Al encuentro del naturalista Manuel Martínez de la Escalera (1867-1949)*. Madrid: Consejo Superior de Investigaciones Científicas – Museo Nacional de Ciencias Naturales.

MARTÍN ALBALADEJO, C. & IZQUIERDO MOYA, I. (2011b). "Bibliografía del autor". En: *Al encuentro del naturalista Manuel Martínez de la Escalera (1867-1949)*: 111-123. Madrid: Consejo Superior de Investigaciones Científicas – Museo Nacional de Ciencias Naturales.

MARTÍNEZ DE LA ESCALERA, M. 1902. "Los territorios del Ifni". *Boletín de la Sociedad Geográfica de Madrid*, 44: 17-47.

MARTÍNEZ DE LA ESCALERA, F. (1913). "Una campaña entomológica en el Sus". *Trabajos del Museo Nacional de Ciencias Naturales (Madrid), serie Zoológica*, 8, pp. 1-28.

MARTÍNEZ DE LA ESCALERA, M. (1914). "Los Coleópteros de Marruecos". *Trabajos del Museo Nacional de Ciencias Naturales (Madrid), serie Zoológica*, 11, pp. 1-554.

MARTÍNEZ DE LA ESCALERA, M. (1942). *Trabajos entomológicos, muy especialmente sobre coleópteros de España y noroeste de África*. Madrid, [autor].

MARTÍNEZ Y SÁEZ, F.P. (1886a). "Coleópteros de España y Norte de África recogidos por el Sr. Bolívar". *Anales de la Sociedad Española de Historia Natural (Actas)*, 15, pp. 48-55.

MARTÍNEZ Y SÁEZ, F.P. (1886b). "Coleópteros". En: F. Quiroga. "Apuntes de un viaje por el Sáhara Occidental". *Anales de la Sociedad Española de Historia Natural*, 15, pp. 517-518.

MAS-GUINDAL, J. (1931). "La Misión Científica Bolívar en Marruecos. Recuerdos de su itinerario". *África*, 7, pp. 38-39; 62-63; 91.

MORALES AGACINO Eugenio (2001). *Memorias de un naturalista*. Madrid, Organismo Autónomo de Parques Nacionales.

NAVÁS FERRÉ, L. (1913). "Algunos Neurópteros de Marruecos". *Memorias de la Real Sociedad Española de Historia Natural*, 8, pp. 111-122.

NAVÁS FERRÉ, L. (1922). "Insectos de Fernando Poo". *Treballs del Museu de Ciències Naturals de Barcelona. Sèrie Zoológica*, 4 (3), pp. 109-116.

PELÁEZ FERNÁNDEZ, D. (1935). "Membrácidos de Fernando Poo, Guinea Española y Kamerún (*Hem. Homopt.*)". *Eos*, 11, pp. 7-69.

PERIS, S.V. (1983). "In Memoriam. Juan Gómez-Menor Ortega". *Eos*, 54, pp. 269-273.

RODRÍGUEZ ESTEBAN, J. A. (2008). *Conmemoración de la expedición científica de Cervera-Quiroga-Rizzo al Sáhara Occidental en 1886*. Madrid: CSIC.

[SEHN] (1902). [Subvención para la publicación de un tomo de Memorias de la Sociedad]. *Boletín de la Sociedad Española de Historia Natural*, 2, pp. 273-274.

[SEHN] (1933). "Película de Marruecos". *Boletín de la Sociedad Española de Historia Natural*, 33, pp. 16.

VÁZQUEZ MARTÍNEZ, M.A. (1985). "Juan Gómez-Menor Ortega (1903-1983)". *Boletín de la Real Sociedad Española de Historia Natural*, 81, pp. 33-36.

ZARCO GARCÍA, A. (1921). "Nueva especie de *Petrognatha* de Fernando Póo (*Col. Cerambycidae*)". *Tomo extraordinario: L Aniversario de la Real Sociedad Española de Historia Natural*. Madrid, Sucesores de Hernando, pp. 387-390.

91

CÁPSULAS DE NATURALEZA. COLECCIONES, PREPARACIONES Y QUIMERAS ENTRE LO NATURAL Y LO ARTIFICIAL

Santos Casado

Departamento de Ecología, Universidad Autónoma de Madrid, 28049 Madrid.

RESUMEN

Pinchar con un alfiler el resistente cadáver quitinoso de un insecto para conservarlo en una colección entomológica no es algo que parezca entrañar mayor misterio. Pero la complejidad epistemológica del conjunto de operaciones teóricas y prácticas que se asocian a este tipo de objetos científicos comienza a reclamar nuestra atención cuando consideramos preparaciones más sofisticadas y, en especial, aquellas que pretenden capturar, más allá del ejemplar aislado, procesos o conjuntos naturales más o menos completos. Estas naturalezas reconstruidas, fragmentos complejos del mundo natural que se trasladan a un museo o a un montaje didáctico, tales como grupos biológicos, dioramas y otras recreaciones, pueden ofrecer, en perspectiva histórica, un punto de vista iluminador de la complejidad conceptual y la riqueza material que, más allá de su innegable valor científico, atesoran las colecciones de historia natural, en sus muy diversas modalidades, y los ejemplares que las componen.

No recuerdo exactamente con qué motivo pude ver por primera vez unas preparaciones entomológicas de Manuel Martínez de la Escalera, conservadas en las colecciones del Museo Nacional de Ciencias Naturales, en las que se presentaban diversas formas de coleópteros agrupadas de acuerdo a gradientes morfológicos y geográficos en áreas de montaña. Lo que sí recuerdo es que me las mostró Isabel Izquierdo y que aquello llamó poderosamente mi atención.

Pudo ser con ocasión de alguna de las modestas actividades de homenaje —conferencias, jornadas, alguna pequeña exposición— que pude organizar en 1994 y en 1998 en la Residencia de Estudiantes en torno a las figuras de Ignacio Bolívar y Cándido Bolívar, siempre con la colaboración de Isabel, cada vez que fue requerida, para aportar esos materiales. Materiales cuidadosamente conservados, a diferencia de lo ocurrido en tantos otros casos. Materiales que ella tanto apreciaba y que atesoraban la memoria de una distinguida escuela de entomología.

También recuerdo que mi pequeña fijación con aquella caja de Escalera pudo por fin resolverse cuando la incorporé, de nuevo gracias a Isabel, a los contenidos de la exposición *Ciento cincuenta años de ecología en España* que, con el impulso inicial de Alfonso Navas y bajo la coordinación de Soraya Peña, se exhibió en el Museo, y luego en otros centros de divulgación científica, a finales de 2007 (Cid, 2007). Esas singulares, y en mi sentir, fascinantes preparaciones de Escalera han formado luego parte de alguna otra exposición (Figura 1).

Pinchar con un alfiler el resistente cadáver quitinoso de un insecto para conservarlo en una colección entomológica no es algo que parezca entrañar mayor misterio. Pero la complejidad epistemológica del conjunto de operaciones teóricas y prácticas que se asocian a este tipo de objetos científicos comienza a reclamar nuestra atención cuando consideramos preparaciones más sofisticadas y, en especial, aquellas que pretenden capturar, más allá del ejemplar aislado, procesos o conjuntos naturales más o menos completos.

Figura 1.- Variación biogeográfica de coleópteros en la sierra de Guadarrama. Preparación entomológica de Manuel Martínez de la Escalera del primer tercio del siglo XX, fotografiada en una exposición del Museo Nacional de Ciencias Naturales, Madrid, en 2011.

NATURALEZAS RECONSTRUIDAS

Una cuestión que puede ayudar a desarrollar este ensayo es la de las semejanzas, o las relaciones en general, entre dos tipos de prácticas propias de la historia natural que a primera vista están netamente diferenciadas. Por un lado, las prácticas prospectoras, recolectoras y curatoriales que tienen que ver con las colecciones, con la obtención, la preparación y la conservación de especímenes naturales de valor científico. Por otro lado, las prácticas ligadas a la representación visual de objetos y fenómenos naturales bajo una perspectiva igualmente científica, ya sean representaciones bidimensionales de índole pictórica, tales como figuras o esquemas, o de otro tipo, como pueden ser esculturas y modelos tridimensionales, moldes y vaciados, o

95

dioramas y otros montajes. Especímenes por un lado, representaciones por otro.

Un examen más detenido revela, sin embargo, un considerable solapamiento entre unas cosas y otras, separadas por una frontera que se hace más y más difusa y permeable en cuanto uno trata de precisarla. Hay, por ejemplo, registros icónicos a los que históricamente se ha querido dar un valor similar al de los especímenes. Con ellos se han creado también colecciones, concretamente colecciones de imágenes archivadas y conservadas bajo criterios de testimonio, referencia y sistema parecidos o iguales a los que se aplican a las colecciones histórico-naturales formadas por ejemplares, muestras o *échantillons* extraídos físicamente de la naturaleza. En el siglo XVII Cassiano dal Pozzo inició en Roma la formación de un *Museo Cartaceo*, un museo de papel que atesorase en láminas un testimonio material y consultable de toda clase de objetos notables, tanto antigüedades y creaciones artísticas como producciones naturales de los reinos mineral, vegetal y animal (Haskell, Montagu y Claridge, 1996). En esta y otras colecciones típicas de la primera Edad Moderna no fue raro, en efecto, hallar este tipo de «*imágenes representacionales en sentido estricto*», es decir, «*imágenes usadas como sustitutos de objetos ausentes en el seno del museo*» (Felfe, 2015, 711).

El valor de las imágenes como especímenes acompaña así al desarrollo de la ciencia moderna. Cuando a finales del XVIII José Celestino Mutis se enfrentó a las dificultades de conservar los herbarios de su *Flora de Bogotá* en las condiciones del trópico sudamericano, creó complementariamente una gran colección de láminas pintadas con todo cuidado para preservar con la mayor precisión las formas, los colores y los rasgos de las plantas que su Real Expedición Botánica del Nuevo Reino Granada iba colectando y que algún día debían trasladarse a las descripciones y los grabados de una serie de publicaciones, aunque estás nunca se llegaron a materializar en vida de Mutis (Amaya, 1986; Marcaida y Pimentel, 2014). De hecho, la acumulación de colecciones basadas fundamentalmente en imágenes fue un rasgo común a varios de los proyectos botánicos desplegados en la América española del siglo XVIII. Para Mutis y otros naturalistas de la época, tal como afirma Daniela Bleichmar, que ha estudiado precisamente esta cuestión, las «*imágenes ofrecían un modo más robusto de capturar los objetos naturales de un modo duradero*» (Bleichmar, 2012, 63).

A finales del XIX, bajo el impacto de la fotografía como nueva y poderosa técnica icónica, surgen igualmente proyectos científicos basados en el empleo de imágenes con el valor de ejemplares de colección, cual es el caso célebre del antropólogo italiano Cesare Lombroso y sus teorías biológicas sobre los sujetos criminales, apoyadas sobre la supuesta base empírica de archivos de imágenes fotográficas (Maxwell, 2008, 57-63).

Inversamente, hay también modalidades de tratamiento de genuinos especímenes de colección, objetos extraídos físicamente de la naturaleza, en las que se aplican técnicas cercanas o idénticas a las empleadas en las representaciones visuales de tipo pictórico o escultórico. Recurriendo a un ejemplo particularmente expresivo y conspicuo, pueden citarse las reconstrucciones de grandes animales extinguidos acometidas en montajes museísticos en los que las piezas fósiles originales son completadas con componentes artificiales para, finalmente, adquirir una disposición que, con ayuda de armazones y refuerzos, trata de reproducir la hipotética estructura anatómica de la bestia original.

Los espectaculares esqueletos de dinosaurios (Figura 2), piezas estelares en los museos de historia natural desde comienzos del siglo XX, pueden en efecto considerarse como mezclas o amalgamas de material fósil y artefacto escultórico (Rieppel, 2012).

97

Figura 2.- Exhibición dedicada a grandes dinosaurios fósiles en la exposición permanente del Museo Nacional de Ciencias Naturales, Madrid. Fotografía tomada en 2011.

Pero no hace falta recurrir a estos casos extraordinarios. Otros muchos objetos histórico-naturales exhiben dosis de artificio considerables. Podría incluso ensayarse el argumento de que cualquier ejemplar en una colección de historia natural, por simple que sea y poco problemático que parezca, incorpora algún grado de este tipo de manipulaciones que lo dotan de un carácter híbrido entre *naturalia* y *artificialia*. La mera extracción de su matriz natural ya supone una manipulación deliberada y orientada, a menudo seguida de otras operaciones. Operaciones de limpieza, como las que se aplican a un fósil para destacar la parte de origen orgánico de su lecho rocoso. De colocación, como las que precisan los lepidópteros y otros insectos antes de ser colocados en sus cajas de colección. De reconstrucción parcial, como en los dinosaurios que se acaban de citar. O de profunda recreación, como en los dioramas con animales naturalizados de los que trataremos enseguida.

Aplicando con mayor o menor facilidad este punto de vista, podría pues decirse de los especímenes histórico-naturales que son, a la vez, representaciones de sí mismos.

PREPARACIONES DEL NATURAL

La preocupación por la recogida fidedigna de la apariencia de las cosas es por supuesto un tema central del desarrollo de las artes visuales, objeto de reflexiones y debates de gran calado a los que aquí no trataremos de asomarnos siquiera (Gombrich, 1960). Tan solo hará falta notar la similitud que a este respecto puede apreciarse si nos fijamos en el prurito de fidelidad y verosimilitud que igualmente anima la concepción y la preparación de ciertos montajes histórico-naturales, algunos de ellos llamados precisamente preparaciones. Montajes en los cuales los objetos originalmente extraídos de la naturaleza se modifican, según se ha apuntado en los párrafos anteriores, precisamente para que vuelvan a ser más naturales, o, si se quiere, para que representen mejor la naturaleza de la que provienen y de la que, hasta cierto punto, siguen siendo parte.

Un ejemplo muy evidente de este tipo de proceder, que interviene artificialmente en los especímenes para que parezcan más naturales, se halla en los dioramas típicamente utilizados en los museos de historia natural para presentar ciertas especies animales en el ambiente que les es propio en la naturaleza (Figura 3). En su forma más habitual, y el madrileño Museo Nacional de Ciencias Naturales cuenta con magníficos ejemplos, estos montajes integran varios ejemplares de una o más especies de vertebrados, generalmente aves o mamíferos, convenientemente disecados (Casado y Aragón, 2014).

Figura 3.- Mirlos (*Turdus merula*) en un montaje taxidérmico realizado, bajo la fórmula del grupo biológico, por José María Benedito en 1913 para las salas del Museo Nacional de Ciencias Naturales, Madrid. Fotografía tomada en 2007.

Hablando de animales disecados, conviene notar que la expresión técnica que suele utilizarse para designarlos es la de animales «*naturalizados*» (Aragón, 2014), lo cual alude precisamente a esa inyección de naturalidad que se pretende insuflar en tales ejemplares mediante diversas manipulaciones artificiales, algunas de las cuales pueden llegar a ser muy sofisticadas. Entre ellas se incluyen armazones, rellenos, repintados u ojos de cristal. Cualquier ejemplar así preparado, aunque tan solo haya sido colocado en una simple peana, puede considerarse naturalizado, con tal de que el taxidermista, que como se sabe es el profesional especializado en esta técnica, haya tratado de reproducir, con más o menos éxito, una postura y una apariencia general que se correspondan con las del animal vivo (Figura 4).

Figura 4.- Hasta los ejemplares naturalizados más sencillos, como estas aves disecadas pertenecientes a la colección histórica del Instituto del Cardenal Cisneros, Madrid, encierran considerables dosis de artificio. Fotografía tomada en 2009.

Pero la naturalización artificial adquiere un alcance y una potencia mucho mayores cuando, como ya se ha apuntado, se integran varios ejemplares en el seno de una reproducción de su hábitat y se procura, además, presentarlos de modo que la escena capture algún aspecto significativo de su forma de vida. Se habla en tales casos de grupos biológicos o también de dioramas, término más amplio, que puede aplicarse a diversos montajes dentro y fuera de la biología, cuyo uso suele denotar la pretensión de recrear una escena más completa, dotada de un fondo o un paisaje que englobe de modo ilusionista los elementos presentados (Wonders, 1993). Mientras que el diorama es una modalidad de amplia aplicación temática en museos y exposiciones, el grupo biológico se restringe, obviamente, a montajes destinados a representar seres vivos y suele designar, además, preparaciones más limitadas o concretas, en las que los ejemplares aparecen en un fragmento de hábitat, tal como una madriguera, unas ramas o unas rocas (Casado y Aragón, 2014).

Los dioramas en sentido estricto tienden a presentarse empotrados a modo de nicho que se contempla desde su lado frontal, de modo que pueda conseguirse ese efecto de perspectiva que los dota de un fondo e incluso de un cielo, como ocurría con el grupo de cabras monteses del Museo de Madrid, desgraciadamente desaparecido (Aragón y Casado, 2012, 22). Al parecer se instaló en este grupo un sistema de iluminación cambiante, con el que reproducir distintos momentos del día.

Por su parte, los grupos biológicos pueden admitir una presentación que permita contemplarlos desde sus cuatro costados, rodeándolos para examinarlos mejor, o al menos desde tres de sus lados, suponiendo que se hallen adosados a una pared. Y, si bien su efectismo ilusionista suele ser menos ambicioso, su sencillez puede trasmitir a cambio una veracidad más directa e inmediata. De ellos hay numerosos ejemplos en el Museo de Ciencias Naturales, siendo quizá el más acabado y convincente el maravilloso grupo de los abejarucos (Figura 5), que el taxidermista presentó arremolinados en torno a su colonia de cría en un terraplén arenoso (Aragón y Casado, 2012, 28-31).

Figura 5.- Detalle del grupo de abejarucos (*Merops apiaster*) realizado por José María Benedito en 1916 para el Museo Nacional de Ciencias Naturales, en cuya exposición permanente se mantiene. Fotografía tomada en 2008.

La espectacularidad de estos montajes taxidérmicos, cuya máxima expresión puede hallarse en museos de tanto relieve como el *American Museum of Natural History* de Nueva York (Quinn, 2006), ha llamado la atención en las últimas décadas de no pocos historiadores y otros estudiosos de lo cultural (Alberti, 2008). Pero, más allá de su llamativa teatralidad visual, los grandes dioramas de Nueva York, Chicago, Madrid o Estocolmo no son conceptualmente distintos de otras preparaciones histórico-naturales más modestas y menos atendidas. Es el caso de las preparaciones entomológicas, habitualmente de menor tamaño, como menores son sus protagonistas, y quizá

103

también menos llamativas en lo que respecta a la naturalización de los animales. Tal naturalización puede resultar, en efecto, menos efectista cuando se aplica, no a los generalmente grandes y dinámicos cuerpos de los vertebrados, aptos para el movimiento y el drama, sino a la rigidez un tanto mecánica de los quitinosos cuerpos de los insectos. Aunque estos, a su vez, pueden poseer otras cualidades como fuentes de interés y fascinación para el público.

En rigor, y siguiendo el tipo de razonamiento que aquí se está aplicando, en cualquier caja de colección entomológica, incluso en las destinadas a fines puramente de investigación y en esa medida alejadas del ojo público, hay implícitas dosis de preparación y de montaje encaminadas a conseguir el tipo de auto-representación objeto de este ensayo. No solo es que los ejemplares se dispongan de modo que se facilite su examen morfológico y su comparación cruzada. No solo se trata del traslado desde lo teórico a lo visual que se consigue con la agrupación y la ordenación de las colecciones, trasunto del orden taxonómico que guía la disposición de los ejemplares, y que estos a su vez vienen a sustentar. No es solo que a menudo se recompongan ejemplares dañados, pegando en su lugar apéndices y otros fragmentos desprendidos. Es que, además, la formación de las colecciones entomológicas, históricamente situadas en un terreno científico socialmente amplio y fronterizo, entre lo profesional y lo diletante, ha incluido tradicionalmente un componente estético, más o menos acusado según los casos pero casi siempre reconocible (Figura 6).

«*Cierta cantidad de* gusto estético» es lo que recomendaba un conspicuo protagonista de la historia de la entomología española para «*la formación y disposición de las colecciones*». Porque, según decía el padre Longinos Navás, si esta sensibilidad se aplica, aun las colecciones «*más vulgares y pobres tienen un encanto irresistible*», el cual contribuye al sano atractivo intelectual que el propio Navás consideraba uno de los principales valores de esta disciplina zoológica (Navás, 1914, 8).

Figura 6.- Caja entomológica de exhibición con ejemplares de *Parnassius apollo nevadensis.* Exposición *150 años de ecología en España*, Museo de la Ciencia de Valladolid, 2009.

Las preparaciones entomológicas que aquí nos interesan, enlazando con la anterior discusión sobre dioramas y grupos biológicos, son sin embargo otras. Se trata de aquellas, algo más complejas, en las que los ejemplares de insectos se disponen con intención didáctica, demostrativa o divulgativa, tratando de ilustrar distintos aspectos de interés biológico, más allá de facilitar la mera inspección de los rasgos morfológicos externos de las especies. Son, una vez más, grupos biológicos, si se los quiere llamar así, o preparaciones biológicas, como también se las ha denominado, en donde aparecen, por ejemplo, las diversas fases del insecto a lo largo de su ciclo vital,

105

recreándose en los procesos de metamorfosis que de forma tan cautivadora y morfológicamente espectacular exhiben tantos grupos de insectos. O también insectos dispuestos de modo en que se muestren sus relaciones con las plantas de las que se alimentan, o sus vínculos de predación o parasitismo con otros insectos u otros tipos de organismos. O los modos en que construyen sus nidos o sus panales. O los daños que producen en cosechas u otros intereses humanos. O cualquier otro aspecto, en definitiva, susceptible de ser capturado en esta especie de cápsulas de naturaleza, que tratan quiméricamente de contener, en el limitado espacio de una caja o de una vitrina, toda la palpitante vitalidad de los complejos afanes de los seres orgánicos.

Ese intento de encapsular «*la vida de los insectos en preparaciones del natural*» ha sido desde hace años uno de los aspectos que, si se permite un último apunte personal, más me ha atraído en la ya de por sí atrayente figura de Manuel Martínez de la Escalera, con quien se comenzaba este ensayo (Figura 7). Me referí a ello cuando en 1998 pude aportar un primer esbozo biográfico del personaje, y nuevamente, y de modo más monográfico, en la contribución aportada al volumen colectivo sobre Escalera que en 2011 editaron Carolina Martín y la recordada Isabel Izquierdo (Casado, 1998, 2011). Un volumen este último que, gracias al entusiasmo y al tesón desplegados por ambas editoras, ha aportado por fin, aprovecho estas líneas para dejar constancia de ello, la obra de referencia completa y pormenorizada que merecía Escalera como uno de los entomólogos, y de los naturalistas en general, más singulares y valiosos de la España contemporánea (Martín Albaladejo e Izquierdo Moya, 2011).

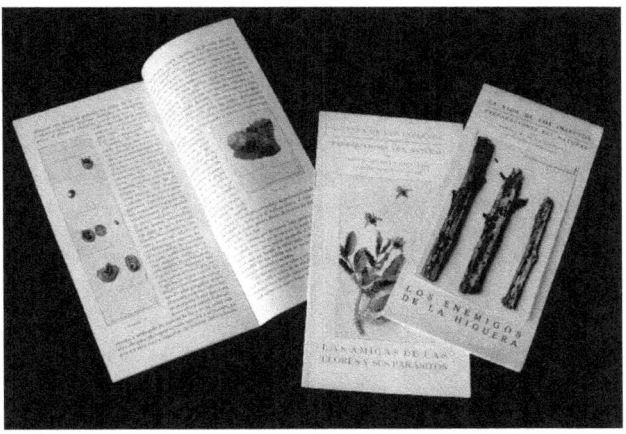

Figura 7.- Serie de folletos divulgativos sobre *"La vida de los insectos en preparaciones del natural"*, publicados por Manuel Martínez de la Escalera en la década de 1920.

La vida de los insectos

Lo más interesante, a mi entender, de las preparaciones entomológicas que Manuel Martínez de la Escalera llegó a producir es la variedad de aplicaciones, o contextos de aplicación si se prefiere, que se les quiso atribuir y que finalmente en efecto tuvieron. Contextos de aplicación cuyo común denominador es la movilización del conocimiento científico, que da su forma y su autoridad epistémica a estos montajes, en ámbitos socialmente más amplios. Para empezar, y recordando su ya mencionado parentesco con los dioramas taxidérmicos, se trataba de producciones perfectamente adecuadas para la moderna museística científica, que hallaban un lugar natural en las salas de exhibición de los nuevos museos histórico-naturales, tal como estos se plantearon a finales del siglo XIX y principios del XX.

107

Más allá de ese nuevo valor educativo de carácter generalista que se quiso atribuir a los museos modernos, las preparaciones entomológicas podían cumplir un fin similar, pero más específico, sirviendo como objetos didácticos en contextos educativos más formales, tales como los gabinetes y laboratorios de los institutos de enseñanza secundaria, cuyas prácticas educativas también se modernizaron durante este periodo, y más aún en centros de educación superior y especializada, tales como las escuelas técnicas dedicadas a la formación de ingenieros agrónomos o forestales o, incluso, en centros de investigación aplicada sobre estos temas.

Así por ejemplo, el 3 de junio de 1924, Escalera se dirigía al Laboratorio de la Fauna Forestal Española, centro de investigación aplicada sobre plagas forestales, para ofrecer, con ejemplares del lepidóptero defoliador *Lymantria dispar* y sus depredadores, un «*modelito, copia del natural, por si pudiera convenir para su Centro su adquisición en los mismos términos que lo hacen la Estación de Patología de la Moncloa y el Laboratorio del Museo [de Ciencias Naturales de Madrid], en 40 pesetas*» (Casado, 2015, 279). De hecho este Laboratorio de la Fauna Forestal ya realizaba sus propias preparaciones entomológicas y, a través de reproducciones fotográficas, las utilizaba como material divulgativo y educativo en sus publicaciones sobre plagas forestales (Aulló y Costilla, 1918).

Finalmente, y volviendo de nuevo a la esfera generalista, los montajes entomológicos del tipo que cultivó Escalera, podían servir para ilustrar una nueva generación de obras divulgativas que, saliendo de la esfera técnica, pretendían abrirse a públicos más amplios. Son obras de marcada orientación popular, tanto libros como revistas con contenido científico, que aparecen en el mercado editorial español a lo largo del primer tercio del siglo XX y que se distinguen por el amplio uso que en ellas se comienza a hacer de la ilustración fotográfica, anteriormente presente de modo muy limitado. La obtención de fotografías de animales vivos en su ambiente natural comenzaba por entonces a generalizarse, pero tropezaba aún con serias dificultades técnicas y apenas se había desarrollado en España. La demanda de ilustración fotográfica podía pues resolverse en estos casos, al menos en parte, recurriendo a montajes como los dioramas taxidérmicos, y así por ejemplo ocurrió con el grupo de los rebecos del Museo de Madrid (Casado, 2010, 190), o aprovechando también preparaciones entomológicas como las que producía Escalera, de lo cual ahora se dará algún detalle.

Fotografías de grupos de insectos montados por Escalera pueden encontrarse en la obra enciclopédica y divulgativa *Historia Natural*, publicada por la editorial barcelonesa Instituto Gallach entre 1925 y 1927 (Baratas y Casado, 2004). En esta ambiciosa publicación, lujosa en su formato y a la vez popular en su orientación editorial y en su planteamiento comercial, se hizo uso de una ilustración eminentemente fotográfica, y particularmente abundante, en su mayoría obtenida de fuentes extranjeras. La absoluta novedad que ello entrañaba en el mundo editorial español para una historia natural, un tipo de obras que hasta entonces se habían ilustrado con grabados en negro y en algún caso con cromolitografías, pero muy escasamente con fotografías, fue destacada por los propios editores:

«*El mérito de esta obra, si lo tiene, como suponemos, amigo lector, pertenece ante todo al brillante grupo de notables naturalistas*» autores de los diferentes textos, y «*a los muchos fotógrafos que nos han ayudado valiosamente con sus maravillosos trabajos*» (Instituto Gallach, 1925, [IV]).

Los grupos biológicos de Escalera se aproximaban, aunque fuese mediante considerables dosis de artificio, a ese ideal iconográfico que pretendía mostrar a los

109

animales vivos y activos en su ambiente. Es por ello fácil de entender que en esta enciclopedia histórico-natural, en la que colaboraron varios naturalistas del Museo Nacional de Ciencias Naturales, aparezcan unas cuantas ilustraciones, concretamente en el tomo *Invertebrados*, que reproducen fotográficamente grupos biológicos de insectos montados por Escalera (figura 8).

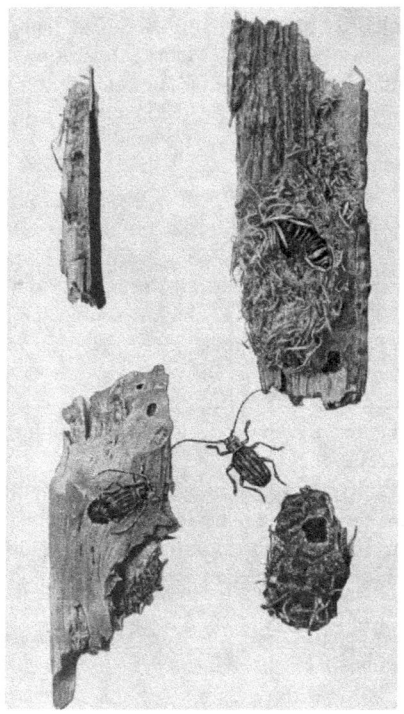

Figura 8.- Montaje fotográfico con varias preparaciones entomológicas de Manuel Martínez de la Escalera sobre la vida del "Longicornio canario (*Lapromeris gibba*)", publicado como ilustración de la *Historia Natural* de la casa editorial Gallach en 1926.

Así ocurre, al tratar de los coleópteros, con la fotografía de Escalera que muestra al carábido *Calosoma inquisitor* y al sílfido *Xylodrepa quadrimaculata*, para el que actualmente se prefiere la denominación *Dendroxena quadrimaculata*, atacando orugas defoliadoras de *Lymantria dispar* sobre hojas de roble. E igual puede decirse de otras varias ilustraciones fotográficas de diversos cerambícidos y curculiónidos, a los que Escalera retrató junto con las plantas a las que se asocian, mostrando los daños que causan en ellas (Rioja y otros, 1926, pássim).

Puede ser interesante reparar aquí en el modo en que estos grupos biológicos aumentan y a la vez disminuyen la potencia epistémica de la operación metonímica por la cual un ejemplar, ya sea en las colecciones de un museo o en las láminas de una publicación, representa al conjunto de la especie. Por un lado, el formato tradicional, el del individuo aislado y dispuesto de modo que se facilite su examen comparativo, ofrece una información más concentrada y estable, más a propósito para las operaciones de comparación y referencia a las que ha de servir un ejemplar de historia natural. Su valor sin embargo se restringía tradicionalmente a los aspectos morfológicos, anatómicos y estructurales del objeto estudiado. El grupo biológico expande ese valor metonímico y referencial a aspectos de interés ecológico y etológico, a veces extensivos también a lo biogeográfico y lo evolutivo. A cambio, su autenticidad y su representatividad sufren considerable menoscabo, tanto por lo artificioso de la reconstrucción necesaria para su montaje, que se aleja cada vez más para el ojo experto del objeto natural en sí, como por la multiplicidad inabarcable del fenómeno natural representado. En efecto, la captura de un momento de la vida de los animales en su ambiente exige optar por una configuración concreta, por un cuadro o escena particularizada, pues de esa concreción depende su verosimilitud y por tanto su eficacia retórica, escogiendo así forzosamente entre la infinidad de posibilidades que en potencia ofrecería el fenómeno natural en sí, tan fluido y complejo.

Sea como fuere, lo cierto es que Escalera quiso, en su uso de estos grupos y de sus imágenes, ir más allá. Quiso poner sus preparaciones al servicio de una divulgación biológica mucho más específica y desarrollada que la que pueda conseguirse en el discurso generalista, y seguramente algo tedioso, de una enciclopedia. Un objetivo que en términos actuales situaríamos a mitad de camino entre la divulgación científica y la educación ambiental. Y para ello publicó a su costa unos folletitos divulgativos sobre «*La vida de los insectos en preparaciones del natural*» en los que el relato se apoyaba en, o más bien se construía sobre, una serie de fotografías de preparaciones especialmente concebidas y realizadas a tal fin (Casado, 2011). Para Escalera, procurar la mayor calidad posible en la reproducción de las fotografías resultaba pues clave para su propósito. Y ello se aprecia, como en breve veremos, en la producción editorial de estos folletos.

El lenguaje empleado en estas breves pero detalladas historias trasluce una clara vocación divulgativa y didáctica. Mantiene un tono animado, con cierta vocación literaria de estilo, al otro lado del cual se adivina, al menos en el deseo del autor, un público escolar. Un público formado por niños y adolescentes a quienes introducir en el fascinante, cercano pero desconocido, mundo de los insectos. Su hija Emma recordaba efectivamente que estos folletos los «*repartía gratuitamente a las Escuelas*» (Casado, 1998). Todo ello muy en la línea del movimiento educativo del *Nature Study*, que por entonces tanto auge experimentaba en los países anglosajones (Kohlstedt, 2010) y cuyo influjo recogieron contemporáneamente algunos naturalistas españoles (Rioja, 1927).

A juzgar por los folletos que se han conservado, y de los que se da cuenta en el antes citado volumen sobre Escalera editado por Isabel Izquierdo y Carolina Martín, las historias elegidas pertenecen siempre a la sencilla fauna campestre que puede fácilmente encontrarse en huertos, bosques o riberas, huyendo de la espectacularidad o el atractivo exótico que se obtendría tratando de extrañas criaturas de lugares remotos. Esta deliberada vulgaridad perseguía un doble fin. Primero, acercar al lector a una naturaleza que podía por sí mismo explorar, incentivando así el gusto por el campo y la afición a las ciencias naturales. Y, además, poder dar a sus relatos la veracidad de una información obtenida de primera mano por Escalera, y no reciclada de otros autores u obras. Este último aspecto se reforzaba de un modo crucial con las ilustraciones fotográficas, siempre originales, para las cuales Escalera debía colectar los insectos y los elementos de su vida y de su hábitat que quería mostrar, montar con ellos el tipo de preparaciones de las que venimos hablando, que en ocasiones incluyen ayudas identificativas o interpretativas en forma de etiquetas, y obtener luego fotografías de suficiente calidad como para que en ellas se apreciasen los menudos detalles de los cuerpos y las vidas de los insectos.

A la dificultad técnica que a la altura de los años veinte existía para la macrofotografía de insectos se añadía, además, la pérdida de resolución y calidad visual sufrida al reproducir posteriormente las fotos mediante las técnicas de grabado disponibles entonces para la producción de publicaciones ilustradas. Escalera ensayó al menos dos modalidades para afrontar esta cuestión, que claramente revestía importancia para él. En la mayor parte de los folletos hoy conocidos las ilustraciones, siempre en blanco y negro, son fotograbados. El cuidado puesto en su ejecución se compadece con el uso en estos casos de un papel estucado, de superficie satinada, que permite mejores resultados en cuanto a la finura de las figuras reproducidas y la resolución de sus detalles. En el folleto La Anthophora y

113

su casa (M[artínez] de la Escalera, 1923a), en el que se emplea esta técnica, se indica que las ilustraciones son «*9 fotografías directas de Padró*», lo cual muestra que Escalera recurrió a uno de los estudios profesionales de fotografía del Madrid de la época, concretamente el de José Padró, en su afán de conseguir imágenes de calidad.

Sin embargo, parece que lo insatisfactorio de los resultados, en cuanto a la dificultad para obtener imágenes nítidas de los pequeños y negruzcos cuerpos de los insectos sobre soportes igualmente ingratos para el fotógrafo, como cortezas, ramillas y hojas, limitando por tanto la eficacia en la trasmisión de la información deseada, pudo empujar a Escalera a ensayar otra modalidad de producción editorial. La aplicó al menos en un folleto que conozcamos, el titulado *Los enemigos de la higuera* (M[artínez] de la Escalera, 1923b). En él, las ilustraciones, cuyo autor es de nuevo José Padró, son copias en papel fotográfico, recortadas y pegadas directamente sobre las páginas del folleto, en los espacios dejados al efecto, del mismo modo en que se pegan los cromos en un álbum infantil (Figura 9). Para ello, el papel utilizado en este caso no requería estucado, y sí un mayor gramaje y consistencia, para mejor soportar las copias fotográficas adheridas, tal como en efecto se observa en el folleto original (Casado, 2011).

Ciertamente este procedimiento, delicado y laborioso, permitió dar una calidad mucho mayor a las imágenes. Pero las limitaciones ya apuntadas, en temas tan dificultosos como diminutos bichillos oscuros y rugosas ramillas de higuera, impideron que, incluso en ese caso, las ilustraciones acabasen de resolver a plena satisfacción el exigente cometido que Escalera seguramente les pretendía encomendar.

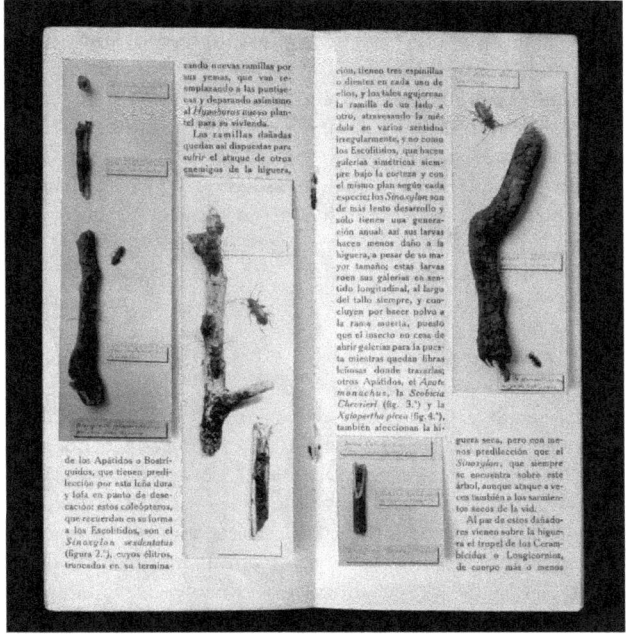

Figura 9.- Detalle de las ilustraciones del folleto divulgativo *Los enemigos de la higuera*, publicado por Manuel Martínez de la Escalera en 1923.

NATURALEZA ARTIFICIAL

Sea como fuere, y volviendo al hilo conductor de este ensayo, merece la pena insistir en lo complejo de la cadena de manipulaciones y artificios interpuestos desde los originales fragmentos de naturaleza hasta el final producto visual, apto para su consumo cultural por el público destinatario. Por ello, un aspecto importante, en el quizá convenga insistir, es que el éxito final de operaciones de representación de este tipo, a través de esa larga fabricación, depende de la calidad del conocimiento científico que se aplique a lo largo de todo el proceso. En particular resulta

115

crítica la fase inicial. La fase de extracción de los objetos naturales de que se trate, ya sean, como aquí, insectos, capullos, panales o ramillas, ya sean otros animales, plantas, fósiles o rocas. Es preciso que esa extracción se produzca en el marco de un profundo y detallado conocimiento, y a ser posible conocimiento de primera mano, empírico, de campo, acerca de aquellos aspectos o fenómenos de la naturaleza que se pretenda encapsular. Esta cuestión, implícita las más de las veces, aparece expresada de un modo más explícito, aunque en cierta medida indirecto, en otro de los folletos de la serie que estamos comentando.

En efecto, en el folleto *La* Lymnatria dispar *(Lagarta) y sus enemigos* (M[artínez]de la Escalera, 1925), publicado en los términos polémicos de lo que llama un «*pleito entomológico*», Escalera arremete contra la ciencia burocratizada y pretenciosa hecha desde «*Laboratorios más o menos pomposos*» y reivindica su competencia, como naturalista de campo, para «*contrastar en la práctica las apreciaciones de hechos biológicos*». Competencia que se derivaba no tanto de sus cualificaciones académicas como de la experiencia y el conocimiento obtenidos en el trato directo con la naturaleza y sus fenómenos (Casado, 2015). La «*verdadera aptitud para el trabajo útil en Ciencias naturales*», había dicho don Ignacio Bolívar desde su indiscutida posición de magisterio sobre los naturalistas españoles, había de incluir disposición «*para recorrer a pie regiones extensas a fin de reunir los materiales precisos para un estudio determinado, o hacer observaciones sobre el* hábitat *de una planta o sobre las costumbres de un animal*» (Bolívar y Urrutia, 1915, 16-17).

Ese naturalista expedicionario y observador lo encarnaba a la perfección Manuel Martínez de la Escalera. De ahí que, en una reivindicación explícita de su propia persona formulada en el mismo pleito que acaba de citarse, no dudase en «*tomar puesto entre los entomólogos nacionales*» que «*dan la importancia debida a uno de tantos factores*», refiriéndose en este caso a la acción de los depredadores sobre la

Lymantria, «*que actúan en ese problema natural de la lucha por la existencia*» (M[artínez] de la Escalera, 1924). Las ilustraciones incluidas nuevamente en el folleto sobre la *Lymantria*, compuestas una vez más a modo de cuadros o escenas de la vida de diversos insectos en sus mutuas interacciones y en el seno de su medio natural, trataban precisamente de encapsular divulgativamente esa «*lucha por la existencia*» de la que el genuino naturalista había sido testigo directo en campos y montes.

Desde el más desnudo y en apariencia neutro ejemplar de colección hasta el más sofisticado y teatral de los dioramas, la movilización de fragmentos de naturaleza para conservarlos, reconstruirlos o recrearlos, en las vitrinas de un museo o en las páginas de un libro, entraña siempre una dosis de quimérica imposibilidad. Cada paso en esa trayectoria desde lo natural a lo cultural añadirá capas de conocimiento, significado y afecto. Capas que, lejos de restar valor a lo capturado, por lo que puedan suponer de alejamiento de una hipotética autenticidad, lo enriquecerán, convirtiéndolo en algo más y más valioso e interesante.

Bibliografía

ALBERTI, S. J. M. M. (2008). "Constructing nature behind glass". *Museum and Society*, 6 (2), pp. 73–97.

AMAYA, J.A. (1986). *Mutis*. Madrid, Debate. Samuel J. M. M. Alberti,

ARAGÓN, S. (2014). *En la piel de un animal. el Museo de Ciencias Naturales y sus colecciones de taxidermia.* Consejo Superior de Investigaciones Científicas, Madrid.

ARAGÓN, S. y S. CASADO (2012). *Fauna ibérica en el Museo Nacional de Ciencias Naturales. Los grupos biológicos de los hermanos Benedito.* Museo Nacional de Ciencias Naturales, Madrid.

AULLÓ Y COSTILLA, M. (1918). *Comisión de la Fauna Forestal Española. (Creada por R. O. de 17 de Julio de 1913.) Reseñas de los trabajos verificados durante los años 1914 á 1916.* Madrid, Cuerpo Nacional de Ingenieros de Montes.

BARATAS, A. y S. CASADO (2004). "El divulgador Ángel Cabrera". En: H. de Felipe, L. López-Ocón y M. Marín (eds.). *Ángel Cabrera: ciencia y proyecto colonial en Marruecos.* Madrid, Consejo Superior de Investigaciones Científicas, pp. 199-214

BLEICHMAR, D. (2012). *Visible Empire: Botanical Expeditions and Visual Culture in the Hispanic Enlightenment.* Chicago, The University of Chicago Press.

BOLÍVAR Y URRUTIA, I. (1915). *Discurso leído ante la Real Academia de Ciencias Exactas, Físicas y Naturales en su recepción pública por el Ilmo. Sr. D. Ignacio Bolívar y Urrutia y contestación del Excmo. Sr. D. Daniel de Cortázar el día 20 de junio de 1915.* Madrid, Real Academia de Ciencias Exactas, Físicas y Naturales.

CASADO, S. (1998). "Rumbo a Oriente con Manuel Martínez de la Escalera". *Quercus*, 151, pp. 41-45.

CASADO, S. (2010). *Naturaleza patria. Ciencia y sentimiento de la naturaleza en la España del regeneracionismo.* Madrid, Marcial Pons Historia.

CASADO, S. (2011). "Viviendo con los insectos. La divulgación entomológica en la obra de Manuel Martínez de la Escalera". En: C. Martín Albaladejo e I. Izquierdo Moya (eds.). *Al encuentro del naturalista Manuel Martínez de la Escalera (1867-1949).* Madrid, Consejo Superior de Investigaciones Científicas, pp. 301-316.

CASADO, S. (2015). "Dos entomólogos y una lagarta. Debates e intereses en torno a ciencia pura y aplicada". En: E. Cervantes Ruiz de la Torre (ed.). *Naturalistas en debate.* Madrid, Consejo Superior de Investigaciones Científicas, 273-304.

CASADO, S. y S. ARAGÓN (2014). "Vignettes of Spanish Nature: Imagining a National Fauna at the Museo Nacional de Ciencias Naturales, Madrid (1910-1936)". *Historical Studies in the Natural Sciences*, 44 (3), pp. 197-233,

FELFE, R. (2015). "Book Reviews. Katharina Pilanski Kaliardos. *The Munich Kunstkammer*". *Isis*, 106 (3), pp. 710-712.

GOMBRICH, E.H. (1960). *Art and Illusion: A Study in the Psychology of Pictorial Representation*. Princeton, Princeton University Press.

HASKELL, F.; J. MONTAGU y A. CLARIDGE (1996). *The Paper Museum of Cassiano dal Pozzo: a Catalogue Raisonné*. London, Harvey Miller.

INSTITUTO GALLACH (1925). [Presentación]. En: *Historia Natural. Vida de los animales, de las plantas y de la Tierra. Tomo I. Zoología (Vertebrados)*. Barcelona, Instituto Gallach de Librería y Ediciones, p. [IV].

KOHLSTEDT, S. G. (2010). *Teaching Children Science: Hands-On Nature Study in North America, 1890-1930*. Chicago, The University of Chicago Press.

MARCAIDA, J. R. y PIMENTEL, J. (2014). "Green treasures and paper floras: the business of Mutis in New Granada (1783–1808)". *History of Science*, 52 (3), pp. 277-296.

M[ARTÍNEZ] DE LA ESCALERA, M. (1923a). *La Anthophora y su casa*. Villaviciosa de Odón, [Madrid], [edición del autor].

M[ARTÍNEZ] DE LA ESCALERA, M. (1923b). *Los enemigos de la higuera*. Villaviciosa de Odón, [Madrid], [edición del autor].

M[ARTÍNEZ] DE LA ESCALERA, M. (1924). "Otra localidad de *Xylodrepa quadripunctata* Schr. (Col. Silphidae) en la provincia de Madrid". *Boletín de la Real Sociedad Española de Historia Natural*, 24, pp. 352-353.

M[ARTÍNEZ] DE LA ESCALERA, M. (1925). *La* Lymantria dispar *(Lagarta) y sus enemigos*. Villaviciosa de Odón, [Madrid], [edición del autor].

MAXWELL, A. (2008). *Picture Imperfect: Photography and Eugenics, 1870-1940*. Brighton, Sussex Academic Press.

MARTÍN ALBALADEJO, C. e I. IZQUIERDO MOYA (eds.) (2011). *Al encuentro del naturalista Manuel Martínez de la Escalera (1867-1949)*. Madrid, Consejo Superior de Investigaciones Científicas.

NAVÁS, L. (1914). *Manual del entomólogo*. Barcelona, Tipografía Católica.

QUINN, S. C. (2006). *Windows on Nature: The Great Habitat Dioramas of the American Museum of Natural History*. New York, Abrams.

RIEPPEL, L. (2012). "Bringing Dinosaurs Back to Life. Exhibiting Prehistory at the American Museum of Natural History". *Isis*, 103 (3), pp. 460-490.

RIOJA, E. y otros (1926). *Historia Natural. Vida de los animales, de las plantas y de la Tierra. Tomo II. Zoología (Invertebrados)*. Barcelona, Instituto Gallach de Librería y Ediciones.

RIOJA, E. (1927). "Metodología de los «estudios de la naturaleza»". *Revista de Pedagogía*, 6, pp. 7-12.

SANZ CID, J.J. (coord.) (2007). *150 años de Ecología en España. Ciencia para una tierra frágil*. Madrid, Sociedad de Amigos del Museo Nacional de Ciencias Naturales.

WONDERS, K. (1993). *Habitat Dioramas: Illusions of Wilderness in Museums of Natural History*. Uppsala, Acta Universitatis Upsaliensis.

LA OBSERVACIÓN POR ANTONIO DE ULLOA DEL 'PUNTO LUMINOSO' DURANTE EL ECLIPSE DE 24 DE JUNIO DE 1778: ROZANDO LO IMPOSIBLE

Carlos Martín Escorza

RESUMEN

Una flota compuesta de 8 naves capitaneadas por Antonio de Ulloa partió de La Habana el 13 de febrero de 1778 con destino a Cádiz a donde llegaron el 29 de junio, con una tardanza achacable a los vientos que retrasaron el viaje sobre todo en su trayecto desde las islas Canarias. Retraso que tenía muy preocupados a los que les esperaban pues no eran pocos los peligros que les acechaban y los barcos transportaban numerosos caudales y riquezas tanto de la Corona como de particulares.

El obligado recorrido hizo que la flota pasara el 24 de junio por la zona de sombra total del eclipse que estaba sucediendo. Todos los marineros lo vieron y quizás sea la primera vez que se describe un fenómeno de este tipo con observación desde el océano. Pero la singularidad de este hecho tiene un valor añadido debido a que durante la observación del eclipse algunos de los prestigiosos oficiales que viajaban junto a Ulloa y él mismo, pudieron observar sobre el disco oscuro de la Luna un 'punto luminoso', un hecho excepcional nunca descrito hasta entonces y en escasas ocasiones después. La interpretación que desarrolló Ulloa de este punto luminoso no fue la correcta, pero ya desde su tiempo dio motivo a nuevas propuestas sobre las que hoy todavía se discute.

La observación del eclipse bajo extremas coincidencias favorables y la detección de un punto luminoso en el disco de la Luna son sucesos que necesitan la concurrencia de tantos factores a su favor, sin duda para cada uno y desde luego para la de ambos, que la situación merece ser catalogada como un fenómeno natural de muy escasa probabilidad de suceder.

INTRODUCCIÓN

El 24 de junio de 1778, el día más luminoso y largo del año, Antonio de Ulloa se encontraba a bordo del navío "España" en el océano Atlántico. Pasadas algo más de tres horas del mediodía y durante cuatro minutos el Sol se oscureció. Los animales que iban a bordo tomaron la posición de dormir y los hombres entre emocionados y sobrecogidos trataban de sobreponerse. Pero para él eran sus cuatro minutos máximos pues durante meses, sino años, por ellos estudió, planificó y aventuró su destino: todo lo había proyectado para estar en esos momentos allí, en medio del Atlántico, en su buque, sabiendo que en ese lugar, en ese día y hora iba a ocurrir un eclipse total de Sol.

Aunque sediento de estos instantes su observación ocular fue acompañada de anotaciones dejando dicho que fueron 64 los minutos durante los que tardó 'el cuerpo de la Luna en correr todo el del Sol'. La atmósfera era muy clara, con un viento de ONO de 'mediana fuerza' y sin nubes en ningún horizonte. Así pues Antonio de Ulloa estaba exultante y de tal modo que, como él mismo confiesa, se distrajo en atender otras observaciones y hacer anotaciones como las que tenía previstas como 'contar las estrellas que se empezaron a ver en el instante que el eclipse fue total', o la variación de los colores del anillo solar.

Estaba encantado con todo lo que estaba viviendo y además la suerte le iba a sorprender con un inesperado regalo ya que en esos momentos vio un pequeño pero brillante 'punto luminoso' sobre el disco negro de la Luna,

122

'rara particularidad' que, añadida a la brillantez del anillo solar, 'me embelesaron de tal suerte que no sabía a cuál atender primero', fenómeno que sobrepasó sus expectativas y hasta le puso nombre como 'caverna luminosa lunar del navío El España' (Ulloa, 1778).

Antonio de Ulloa estaba exultante de haber podido observar ambos fenómenos y, como reflexionará con atino pocos meses después, para ello 'fue necesario que concurriesen muchas casualidades inesperadas, de vientos contrarios, forzosa arribada de la flota a las islas Canarias, para que alargándose el viaje más de lo que era regular, viniese a estar a los 108 días de su salida del puerto de La Habana en el paraje preciso donde habían de ser visibles porque fuera de él no se conseguiría' (*op.cit.* 13).

LA TRAVESÍA DEL ATLÁNTICO HASTA CANARIAS

Ulloa estuvo en la capital de México entre el 22 de junio y el 18 de septiembre de 1777, alojado en el Palacio Virreinal y es allí donde podría haber tenido la oportunidad de hablar sobre el eclipse con Joaquín Velázquez de León y Antonio León Gama, los cuales estaban ya ocupados en los preparativos para observar el eclipse desde la misma ciudad de México (Orte Lledó, 2006, 85). Así que, cuando Ulloa recibe la orden de dirigirse a Veracruz para comandar la flota que desde allí iba a partir para España debemos suponer que ya conocía las predicciones sobre el fenómeno (*op. cit.*, 87).

Durante el siglo XVIII hubo varios viajes de embarcaciones españolas desde América a España, y solían hacerlo agrupadas en flotas para darse apoyo mutuo. En 1777 los filones de las minas ya estaban agotados, así que esa sería la última de las flotas del tesoro de la plata, que resultó ser la que transportó el más valioso traído desde Nueva España (Whitaker, 1935, 185).

Lo que quedaba de esa flota de las Indias, los navíos "España" , "Dragón", y los mercantes "San Cristóbal" y "Victoria" zarparon de Veracruz el 16 de enero bajo el mando de Ulloa, y tras atravesar el Golfo de México entran en La Habana el 13 de febrero. Allí es donde Ulloa, ante posibles abordajes durante la travesía, decide distribuir la carga, que era de un total de 21.960.002 pesos (10.098.355 de particulares y 1.683.921 de la Corona, -*sic.* en Gibert Arce, 2016-) entre sus buques de guerra, los dos citados más los que se sumaron en La Habana: el "San Lorenzo" y el "Ángel de la Guarda", de 74 cañones, y las fragatas "Cecilia" y "Bárbara" (Gibert Arce, 2016; Santiago Gómez, en: todoababor.com, Voz España). Una flota compuesta en total por 8 naves con un número total de personas indeterminado pero al menos ya en el "España" había 560 (Solano, 1992).

La flota al mando de Ulloa zarpa de La Habana el 9 de marzo hacia Santa Cruz de Tenerife según una ruta poco frecuente para tratar de evitar los abordajes, allí llegarían el 20 de mayo (Gibert Arce, 2016).

DESDE CANARIAS A CÁDIZ

Hasta llegar a las islas Canarias, la flota había seguido una derrota complicada por causa de los vientos, obligando a dirigirse hacia el norte, envolviendo a las islas Azores, lo que les hizo navegar hasta llegar a Canarias un total de unos 9.500 km, según se desprende de las anotaciones de Ulloa en las *Observaciones de la variación de la aguja* (Ulloa, 1779, 37-39). Antes de llegar a Canarias la flota se encontraba ya a escasos 500 km de Cádiz pero parece que los vientos no le fueron favorables para arribar a su destino. Al llegar a Santa Cruz de Tenerife la flota se encontraba a unos 1.300 km de Cádiz, y llama la atención que Ulloa hiciera cargar en los barcos provisiones para un viaje de unos 40 días aunque finalmente esa resolución fue oportuna. Una vez aprovisionada, la flota salió desde Tenerife para Cádiz el 31 de mayo de 1778 (Orte Lledó, 2006, 87).

A partir de los datos de posición que expone Ulloa se puede, adecuadamente, reconstruir la trayectoria que siguieron hasta llegar a Cádiz recorriendo una travesía en círculo de unos 3.200 km. Este bucle forzado está ya reproducido, siguiendo los datos de Ulloa, por Orte Lledó (2006, 168, gráfico VI) y, como allí queda expuesto, los vientos les obligaron a una derrota circular con centro en las islas Madeira siguiendo una ruta en sentido dextrógiro. En dicha figura Orte Lledó indica la dirección del viento y de su intensidad relativa, así que no cabe sino dejar la explicación de todo ello en manos de las condiciones meteorológicas. Dicho bucle lo he recalculado y sobrepuesto en Google Earth (Figura) coincidiendo, obviamente, con el citado de Orte Lledó. En ambos llama la atención el trayecto tan forzado que se vio obligado a recorrer Ulloa para hacer un trayecto que en su mayor parte ya tenía hecho.

Por otra parte, según Orte Lledó (2006, nota de pie página 88, nº 99) a bordo del "España" existía información sobre el eclipse en las efemérides náuticas inglesas y francesas", a los que Ulloa se refiere como "Almanaque Náutico" y "Conocimiento de los Tiempos", ésta última se publicaba desde 1769 por la *Académie Royale des Sciences*. En el volumen publicado en 1776 es donde se encuentran las efemérides para 1778 las cuales fueron calculadas por Jeaurat y que Ulloa debió consultar.

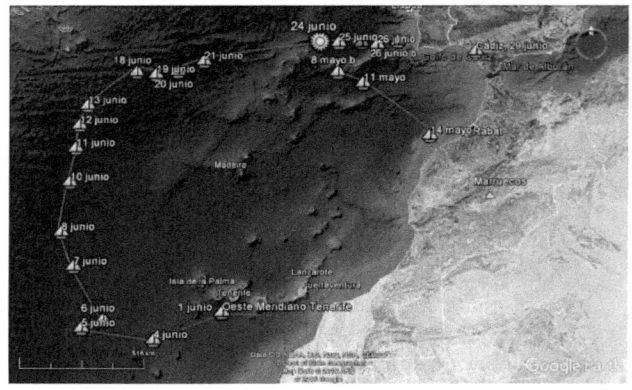

Figura 1.- La Flota al mando de Ulloa se encontraba ya muy cerca de Cádiz el 8 de mayo cuando, según parece impulsada por los vientos, inició un recorrido en círculo dextrógiro de más de 3.000 km centrado en Madeira, para arribar a Cádiz el 29 de junio. Durante el recorrido de ese gran bucle se cruzaron el 27 de junio con la banda en la que era visible un eclipse total de Sol. (El gráfico está elaborado por el autor sobre Google Earth con los datos que fueron publicados por Ulloa en 1779 y siguiendo sus instrucciones).

Durante el recorrido de dicho bucle de nuevo la flota se adentró en el Atlántico de tal suerte que el día 24 de junio la flota estuvo en el área de sombra de un eclipse total de Sol. Todos los marineros lo observaron (Ulloa, 1778, 1780), con una buena visibilidad, viento del ONO con fuerza mediana y cielo despejado. La oscuridad total fue a las 3 horas, 44 minutos después del mediodía, y la inmersión se inició a las 3 horas y 48 minutos. El fin del eclipse fue a las 4 horas 48 minutos. La duración de la oscuridad total fue de 4 minutos. En la oscuridad Ulloa y algunos oficiales pudieron ver con sus anteojos un 'punto luminoso' a través del cuerpo de la Luna (Ulloa, 1779, 22 y figuras 1, 2 y 3).

El 'punto luminoso' lo describe 'sobre el disco de la Luna' con luminosidad como el de una estrella de cuarta o quinta magnitud, pero después fue aumentando al tamaño de hasta una de tercera o aun de segunda magnitud. Y así se estuvo viendo durante 1 minuto ¼, hasta que el borde del Sol empezó a aparecer. El primero en observarlo fue el capitán de fragata Joaquín de Aranda, después Antonio de Ulloa y el teniente de navío Pedro Wintuisen. Sólo era visible utilizando el 'anteojo' de 'tres pies' y con él y seis vidrios lo vio Ulloa algo mayor, como el tamaño de los satélites de Júpiter. El punto luminoso estaba hacia la parte del disco de la Luna por donde empezó la inmersión, algo más al NO, 'de suerte que visto desde el navío correspondía al NNO'.

Finalmente la flota llegó a Cádiz el 29 de junio de 1778, tras '178' días de navegación según Solano (1995, 231) pero que en realidad debieron ser 165 según la fórmula de Microsoft Excel, y contando de forma manual sobre el calendario de 1778 (p. e. por medio de HorlogeParfnte.fr). Lo normal hubiera sido que hubieran tardado tres meses, por lo que en Cádiz ya se había levantado alarma sobre lo que les podría haber sucedido y se envió una escuadra para encontrarlos (Gibert Arce, 2016).

Los resultados de las observaciones sobre el eclipse Ulloa los difundió en dos Memorias ligeramente distintas:

a).- La primera la remitió nada más llegar a Cádiz, a la Real Sociedad de Londres, Academia de Ciencias de París, Berlín y Estocolmo, y lleva como título *"Observation de l'eclipse de Soleil total avec demure et coronne blanche annulaire"* (Orte, Lledó, 1995, 193).

b).- Una segunda más extensa y dedicada a Carlos III la publicó en 1779 con el título *"El eclipse de Sol con el anillo refractario de sus rayos..."*.

La diferencia entre ambas versiones consiste en que en la de 1778 da la descripción de los hechos observados, mientras que en la de 1779 expone además reflexiones e interpretaciones sobre ellos (Orte Lledó, 1995)

OTRAS OBSERVACIONES DEL MISMO Y DE FENÓMENOS SEMEJANTES

El Eclipse de 24 de junio de 1778 estaba ya anunciado en los Almanaques para la navegación y en las Efemérides astronómicas, también era conocida la trayectoria de su sombra sobre la superficie terrestre, así que se sabe que algunas personas prepararon sus instrumentos y se desplazaron a los lugares que más garantías tuvieran para su observación. Son conocidas (Solano, 1992) las observaciones sobre el fenómeno:

En México, ciudad, por Antonio de León y Gama (1778).

En Toulouse, por Auguste Darquier de Pellepoix.

Desde la Berbería, en Salé, por Dezoteur, oficial de caballería.

Ninguno de ellos dio noticia de haber visto el 'punto luminoso' descrito por Ulloa.

La difusión en varios idiomas de los resultados de Ulloa dio lugar a comentarios como el que recoge Torroja Menéndez (1991): el de Lalande que incluso calculó la longitud del 'pozo' que según Ulloa atravesaba la Luna y a través del cual se veía la luz solar del 'punto luminoso' (Torroja Menéndez, 1991, 55); la observación de Wilkins, desde Inglaterra, quien manifestó haber visto algo parecido durante el eclipse del 7 de marzo de 1794; y el de Pinaud y Boisgiraud en Narbona después de que durante el elipse de

1842 dijeran que de repente vieron aparecer un 'punto brillante' rodeado de un centelleo circular.

Es difícil saber si este tipo de fenómenos se había visto con anterioridad, hay una referencia en Brisson (1798, 16) de que el astrónomo y matemático G. Bianchini "ya había visto y hablado alguna cosa que se diferenciaba poco"; comentario que Bianchini quizás hizo en sus "The Astronomical Tables" publicadas entre 1456 y 1460, en las que incluye observaciones que él realizó del eclipse de Sol visible en Ferrara en julio de 1460 (Thyssen y Lüthy, 2009).

La descripción del fenómeno del punto luminoso está recogida por Brisson (1798, 16-17) a partir de la publicación que hizo Ulloa en el *Diario de Física* de abril de 1780. También menciona la interpretación que poco tiempo después hizo sobre el tema el Padre G. B. Beccaria quien lo supuso debido "como efecto de un incendio producido por el cráter de un volcán en la Luna' (op. cit., 17; Home, 1972, 8).

Las críticas de Pickering (1892) acerca de la posibilidad de fenómenos volcánicos en la Luna echaron abajo diversos casos que otros autores situaron sobre su superficie, aunque da un margen de confianza para los tres cráteres alineados cerca de la región de *Bessel* y a otros tres cerca de *Plato* (op. cit., 254).

Hay que tener en cuenta que desde las primeras observaciones de la Luna a través de telescopios, sus cráteres fueron interpretados como debido a los efectos de la erupción de volcanes. Esas observaciones provenían principalmente de Europa donde ya conocían desde el siglo XIX los dibujos y láminas de Pierre Fabris sobre las erupciones y formas volcánicas del Vesubio (Knight, 1992), al que muchos naturalistas se acercaron a ver. No fue hasta la década de los '50 del siglo XX cuando se diferenciaron dentro del término de 'cráter' las estructuras con evidente origen volcánico de las de origen debido a impactos de asteroides que ya estaban siendo identificados incluso en la Tierra. A partir de esos años y tras las imágenes de los satélites fue muy rápido el cambio de pensamiento hacia que en la Luna 'todo era debido a impactos'. Por ello resulta de interés entresacar de las observaciones históricas y de las modernas aquellas que, con dificultad, tratan de exponer actividad volcánica puntual, aunque muchas de esas notificaciones son finalmente desechadas por el avance del conocimiento que se está produciendo en esos temas.

En la época moderna ha sido notificada la observación de breves resplandores en la Luna. Son conocidos los que fueron vistos en 1956 y en 1987 (Varvoglis y Seiradakis, 1990). Desde Crimea Nikolai A. Kozyrev por medio de un telescopio de 50 pulgadas el 3 de noviembre de 1958 observó un resplandor rojizo en el interior del cráter lunar *Alphonsus*, mientras estaba registrando un análisis espectral del área que mostraba una intensa emisión en la línea de los 4737 angstroms, característica de la molécula de carbono (Doel, 1996). Esta conclusión fue presentada por Kozyrev en la reunión de la IAU (*International Astronomical Union*) celebrada en 1961 en Leningrado, donde los también astrónomos A. A. Kalinzak y L. A. Kamionko, tras revisar el espectro con un microscopio, dijeron que podría tratarse de una nube de gas fría (Doel, 1996, 30) cuya presencia no requería actividad volcánica.

Un fenómeno lunar ocurrió el 23 de mayo de 1985 y pudo ser fotografiado (Kolovos, 1989). Aunque reunía algunas características de un posible origen volcánico el mismo Kolovos tras analizar el material fotográfico llegó a considerarlo como ocurrido a 1 km de la superficie de la Luna, relacionándolo con una descarga eléctrica motivada por la salida y rápida expansión de gases desde una fractura abierta en la superficie lunar.

El 30 de octubre de 1963 los astrónomos J. Greenaue y E. Ban, estaban usando el refractor de 24 pulgadas del Observatorio Lowell, ambos manifestaron después haber visto tres puntos de color naranja en las cercanías del cráter Aristarcus, noticia a la que se sumó la de otros colegas que vieron un mes después el fenómeno sobre el mismo lugar (Wood, 2003, 114). Todos ellos dieron la interpretación de que esos fenómenos habían sido producidos por erupciones de lava incandescente sobre la Luna. Explicación que no satisfizo a Wood quien contrapuso el hecho de que el espectrómetro colocado en el Apolo 15 había detectado en el área la presencia de gas radón, posiblemente con relación con la expulsión de gases generados por la transformación de uranio y torio, hecho que podría ocurrir con cierta periodicidad (*op. cit.*).

CONCLUSIONES

En los acontecimientos que ocurrieron en pleno Atlántico el 24 de junio de 1778 hay varios sucesos que se produjeron a la vez pero que tienen distinto origen y significado:

Por una parte, hay que señalar la casi insólita presencia de Ulloa navegando por el Atlántico sobre su nave capitana y seguido por una nada despreciable flota transportando importantes bienes de la nación y de particulares, llegando en el momento oportuno al lugar adecuado para observar un eclipse sobre el que el mismo Ulloa se había preocupado de reunir información adecuada por medio de los mapas más idóneos. Según expone en las Tablas de las coordenadas de la derrota y de los vientos que les afectaron desde que el 31 de mayo partieron desde Canarias, estuvieron obligados a recorrer casi un círculo centrado en Madeira y de unos 650 km de radio que siguieron en sentido horario para llegar a Cádiz pasando antes por la banda de oscurecimiento total del Sol. Esta suma de coincidencias era impredecible e impensable cuando salieron de La Habana y por mucho que Ulloa deseara ser testigo del fenómeno debemos considerar como un imposible que tal deseo se hubiera podido hacer realidad sí la derrota hubiera transcurrido como era habitual. Pero la normalidad se rompió y el sueño se cumplió.

Pero además de esa sorprendente suma de acontecimientos naturales favorables para el encuentro con el eclipse en medio del Atlántico, todavía hay que añadir un nuevo y mucho más inimaginable asunto del que fueron testigos Ulloa y sus oficiales al ver con sus anteojos en el círculo lunar ¡un punto luminoso! Nadie había registrado antes una observación así, y nadie después ha descrito nada semejante con tan gran precisión y detalle. Este nuevo e inesperado fenómeno impactó en la mente de Ulloa quien lo interpretó como debido a la existencia de una oquedad en la Luna que hacía posible ver al Sol a su través; un error sorprendente e inédito en su explicación que hay que achacar a la falta de conocimiento que todavía a finales del XVIII se tenía de la Luna.

Olvidado el tema durante casi dos siglos volvió a resurgir precisamente cuando la potencia visual de los instrumentos ópticos actuales hizo posible que muchas personas orientaran sus aficiones a observar los cuerpos celestes. Pero el fenómeno tiene mucha componente que está en manos del azar y eso hace que la frustración de no poder observarlo haya hecho decaer el interés para esclarecer el tema. Además, para dar respuesta de si hay o no volcanismo actual en la Luna, ya más vale esperar a que los próximos alunizajes obtengan pruebas exhaustivas y concluyentes, pero eso no debe hacernos olvidar que todavía incluso entonces quedarán de valor las observaciones de Ulloa que se produjeron con la concurrencia de variadas casualidades naturales que lo convierten en un conjunto de hechos que rayan lo imposible.

AGRADECIMIENTOS

En los servicios de descarga en *gallica.bnf.fr* de la *Biblioteque Nationale de France*, he tenido acceso a las Tablas de tiempos y sucesos como los que dispuso Ulloa.

REFERENCIAS

BRISSON, M. J. 1798. *Diccionario Universal de Física.* Vol. IV, E. Madrid: Julian Pereyra, Impresor de Cámara de S.M. 456 p.

DOEL, R. 1996. The lunar volcanism controversy. *Sky & Telescope* 92(Octuber):26-30.

GIBERT ARCE, J. 2016. La Conquista española de América y el Pacífico. Siglo XVIII, nuevo empuje. *Cronología Histórica.* (en: cronologiahistorica.com, Voz:1778)

HOME, R. W. 1972. The origin of the lunar craters: an eighteenth-century view. *Journal for the History of Astronomy*, 3, 1-10.

KNIGHT, C. 1992. *Les fureurs du Vésuve, ou l'autre passion de Sir William Hamilton.* Edit. Gallimard.

KOLOVOS, G. 1989. Mysterious flash photographed on Moon. *Sky & Telescope* 79 (May):468-469.

LEÓN Y GAMA, A. DE. 1778. *Descripción orthográpfica Universal del eclipse de Sol del día 24 de junio de 1778.* México: Imprenta nueva Matritense de Felipe de Zúñiga y Ontiveros. 24 p.

ORTE LLEDÓ, A. 1995. Antonio de Ulloa, astrónomo. En: M. Losada y C. Varela (edits). *Actas del II Centenario de Don Antonio de Ulloa.* Sevilla: Escuela de Estudios Hispanoamericanos, CSIC. Archivo General de Indias. p 185-196.

ORTE LLEDÓ, A. 2006. *El Jefe de Escuadra Antonio de Ulloa y la Flota de Nueva España 1776-1778.* Gijón: Fundación Alvargonzález. 170 p.

PICKERING, W. H. 1892. Are there present active volcanos upon the Moon? *The Observatory*, 15, 250-254.

SOLANO PÉREZ-LILA, F.d. 1992. *Antonio de Ulloa. Estudio preliminar.* México: Universidad Nacional Autónoma de México.

SOLANO PÉREZ-LILA, F.D. 1995. Antonio de Ulloa, marino: Mar del Sur (1741), Flota de Nueva España (1776), Campaña de Azores (1779). En: M. Losada M. y C. Varela (edits). *II Centenario de Don Antonio de Ulloa.* Sevilla: CSIC. p 219-239.

THYSSEN, J.M.M.H. y LÜTHY, C.H. 2009. The astronomical tables de Giovanni Bianchini. Holanda. 141 p.

TORROJA MENÉNDEZ, J. M. 1991. La observación de un eclipse de Sol por D. Antonio de Ulloa. *Revista de Historia Naval*, 9 (34):49-65.

ULLOA, A. DE. 1778. *Observaciones de la variación de la aguja.* Madrid. 45 p.

ULLOA, A. DE. 1779. *El eclipse de Sol con el anillo refractario de sus rayos, la luz de este astro, vista a través del cuerpo de la Luna, o antorcha solar en su disco, observado en el océano en el navío El España mandada por el Jefe de Escuadra D. Antonio de Ulloa y practicada la observación por el mismo General, con asistencia de otros oficiales del navío, el veinte y cuatro de junio de mil setecientos setenta y ocho.* Madrid: Imprenta de D. Antonio de Sancha.

ULLOA, A. DE. 1780. Observación del eclipse de Sol total con detención, y anular: hecha el 24 de junio de 1778 en el Navío 'España', Comandante de la Escuadra de la Flota de Nueva España en la travesía de las Islas Terceras al Cabo de San Vicente, por D. Antonio de Ulloa, Jefe de Escuadra, y Comandante General de la dicha flota. *Diario de Física* abril: 1-39.

VARVOGLIS, H. Y SEIRADAKIS, J. 1990. Lunar flash defended. *Sky & Telescope* 80 (October):342.

WOOD, C. A. 2003. Active Aristarchus? *Sky & Telescope* 105 (Januray):112-114

EL ESPEJO DE LOS ENIGMAS

Emilio Cervantes

IRNASA-CSIC. Salamanca.

RESUMEN

A lo largo del siglo XX se propusieron tres explicaciones principales para la adaptación: la primera, considerada por lo general extra-académica, a menudo denominada anti-evolucionista y basada, para algunos en fuerzas internas de naturaleza supra-sensible, se oponía a las dos explicaciones consideradas académicas: la lamarckista y la darwinista. Tanto para el francés Étienne Rabaud (1868-1956), como para el español Pedro Laín Entralgo (1908-2001), entre estas tres opciones la segunda estaba ya periclitada a mediados del siglo XX, mientras que la tercera constituía la doctrina normal o canónica, si bien el propio Rabaud en sus escritos mostraba su desacuerdo con este punto de vista. En una demostración sin precedentes de la naturaleza voluble de la ciencia, la situación descrita parece haber dado un vuelco. La explicación darwinista, que el propio Rabaud cuestionaba en sus textos, parece hoy periclitada. La lamarckista, que parecía entonces periclitada, ha recuperado seguidores, si bien carece de pruebas que justifiquen una aplicación amplia. Ante este panorama, nos planteamos si acaso lo que estos académicos del siglo XX, tan corteses con los textos darwinistas, habían denominado como supra-sensible en algunos casos y extra-científico en otros, no merecerá ahora una nueva denominación que permita dirigir la vista a horizontes amplios que en su día fueron descartados por los ímpetus del positivismo.

INTRODUCCIÓN

Vivimos momentos difíciles, tiempos de confusión que se caracterizan entre otras cosas por la escasa importancia que damos a las ideas más importantes. Una Biología cada vez más sometida a la tecnología pretende resolver sus cuestiones sin ayuda, no ya sólo de la Filosofía, ni tan siquiera de la Historia. Grandes cuestiones que han intrigado a la humanidad durante siglos son ignoradas o pertenecen ahora a los dominios del ensayo frívolo y de la novela.

Así por ejemplo, Jorge Luis Borges dedica su ensayo titulado *"El espejo de los enigmas"*, publicado en el libro *"Otras inquisiciones"* (1952) al uso que León Bloy hace de una frase. La frase está tomada de la Carta de San Pablo a los Corintios (Corintios I, 13, 12):

> *Videmus nunc per speculum in aenigmate: tunc autem facie ad faciem. Nunc cognosco exparte: tunc autem cognoscam sicut et cognitus sum.*

En su ensayo, que lleva el mismo título que este capítulo, Borges indica las seis veces que ha detectado el uso de esta frase en León Bloy. Pero más allá de estas citas e interpretaciones cabalísticas, otros dirían sin dudarlo masónicas, me gustaría ahora traducir la frase y decir qué sentido tiene para merecer su incorporación aquí, en el preámbulo de un texto que va a ser luego, como algunos de los que le preceden en este libro-homenaje a Isabel Izquierdo, también de Entomología. La traducción sería:

> Ahora vemos a través de un espejo como en un enigma: pero entonces veremos cara a cara. Ahora conozco en parte: entonces conoceré como soy conocido.

La frase indica la conexión entre el ser humano, el pensamiento, y la naturaleza. Aquel sería reflejo de ésta: El pensamiento, reflejo de la naturaleza. Ahora bien, cómo puedan ser las bases de esta conexión es cuestión que apenas tiene cabida en el mundo académico al uso. La frase queda hoy destinada para ensayos de eruditos, o para novelas, porque la primera sentencia de esta frase se encuentra también en el primer párrafo de *"El Nombre de la Rosa"*, cuatro líneas más abajo de otra a la que tengo tanto respeto que por ahora no me atrevo ni a pronunciar, demostrando lo que indicaba arriba, que las grandes ideas permanecen hoy olvidadas o lo que es peor, han sido desterradas al mundo de la erudición minuciosa o al de la novela, en donde si bien su forma permanece, el significado se ha evaporado o al menos permanece oculto. En una palabra: proscritas. Algo que llama nuestra atención y reclama una explicación desde el punto de vista de la Historia Natural.

TIEMPOS DIFÍCILES PARA LA HISTORIA NATURAL

La Ciencia es la capacidad para entender la naturaleza. El Mundo constituye el Macrocosmos y si cada ser humano, un Microcosmos, es capaz de verlo e interpretarlo, es porque de alguna manera lo contiene en sí mismo. Existe por lo tanto una correspondencia entre ambos, Macro- y Microcosmos, que desde muy antiguo ha permitido distintas interpretaciones de la naturaleza. Unas más acertadas, más claras o más limpias que otras, porque la Ciencia también es higiene mental. En las interpretaciones ha prevalecido la idea de un orden y a partir de ahí, la tarea del naturalista ha consistido en su descripción. El orden natural (Macrocosmos) tiene una correspondencia directa con el lenguaje de la Ciencia (Microcosmos) y por otro lado, y esto es más delicado, si existe un orden es porque tras él hay una inteligencia, y a esto se refiere también aquella frase que mencionábamos antes, a la que tenemos tanto respeto, y que Umberto Eco había tomado del comienzo del Evangelio de San Juan para empezar su *best seller*.

A lo largo de la historia de la ciencia surgen descripciones y explicaciones, conjeturas, hipótesis y teorías; unas basadas en la observación y otras en la experimentación, y también en la intuición, en lo que si no me equivoco, Kant llamaba conocimiento *"a priori"*. Constantemente la ciencia está sometiéndose a un contraste de hipótesis, a una dialéctica higiénica que busca, entre todas las interpretacione, las más limpias. A tal dialéctica se refiere, por ejemplo Noel Moloud en su libro *"Langage et structures"* (1969), cuando escribe: [14]

> Al pensar en estas dialécticas de la oposición y de la síntesis de los conceptos, hay que decir también que suponen una ampliación de los dominios de la experiencia: el hecho es que la física clásica aislaba los sistemas cinéticos de masas en movimiento, a los que tomaba como las mismas bases de toda física, mientras que la Relatividad resulta de la obligación en la que se encuentra la física de volver a sumergir los acontecimientos cinéticos en la totalidad de la realidad física: son los procesos luminosos, y propiamente energéticos, los que proporcionan a la física las bases de su métrica, y de una métrica necesariamente más compleja.

El libro del que procede este párrafo trata constantemente de la relación entre dos tipos de estructuras: las que existen en la naturaleza y las que constituyen la Ciencia, que viene a ser la interpretación de aquellas en el lenguaje. Macro y Microcosmos. Su autor, Noel Moloud, está más familiarizado con la Física y las Matemáticas que con la Biología, y recurre a lo largo del libro a distintos ejemplos tomados de aquellas disciplinas. El párrafo mencionado indica que en su proceder la Ciencia está obligada constantemente a contrastar entre unas opciones y otras.

---

[14] Todas las traducciones del francés son mías y se han realizado para este capítulo. La traducción de El Origen de las Especies es la de Zulueta tomada de la versión disponible en http://www.cervantesvirtual.com.

El argumento de la tradición, el decir esto es así porque siempre ha sido así no tiene ningún valor. Al contrario, la tradición puede ser un lastre. Igual que la autoridad. Oposición, dialéctica, crítica de posturas establecidas, son síntomas de buena salud científica y resultan en un ensanchamiento de los dominios de la experiencia. No hay ciencia alternativa, puesto que toda alternativa a la ciencia es, asimismo ciencia. Plantear nuevas ideas desde puntos de vista originales ayuda a depurar viejos conceptos y proponer hipótesis nuevas que, con el tiempo, darán nuevas teorías. El ejemplo indicado en la frase de Moloud es el de la oposición entre la física clásica, que aislaba a los sistemas cinéticos de masas en movimiento, y la Relatividad, que resulta de una obligación de la física de volver a sumergir los acontecimientos cinéticos en la totalidad de la realidad física.

Mouloud dedica buena parte de su libro al Estructuralismo, a la búsqueda de un orden básico, y a describir el viejo ideal de Lavoisier: que las palabras de su lenguaje se ajusten, se correspondan con las estructuras del Mundo. Los puntos de vista estructuralistas han tenido gran relevancia en Matemáticas y en Física, y también en disciplinas de las ciencias sociales como la Lingüística y la Antropología. Llama la atención, sin embargo, que el Estructuralismo no tenga una gran influencia en Biología, pero hay razones para ello. Al comentar el libro de Mauricio Jalón titulado *"El laboratorio de Foucault (Descifrar y ordenar)"* (Cervantes, 2014), veíamos que Cuvier bien podría ser considerado fundador del Estructuralismo, una disciplina con gran porvenir en las ciencias experimentales. Pero también veíamos claramente que en algunas disciplinas de las ciencias sociales, según admitían Sapir y Jalón, el prejuicio evolucionista del positivismo, la progresividad científica, había conseguido, ante todo, tiranizarlas, impidiendo así dicha búsqueda (Sapir, 1974; Jalón, 1994). Entonces preguntábamos: si dicha progresividad científica, que no es ni más ni menos que una parte del mito del progreso inevitable ligado a la idea de la evolución (Midgley, 2004), había conseguido tiranizar a las ciencias sociales, ¿Qué no habría hecho con las ciencias experimentales? ¿Acaso Sapir no quería ni siquiera pensarlo?

En el comentario del libro de Mauricio Jalón se apuntaba la posibilidad de que si el Estructuralismo no ha adquirido el debido desarrollo en la Biología, se debe a que pone en juego factores diferentes, novedosos, delicados, entre los que se encuentran condicionamientos históricos, económicos y sociales a los que no conviene aludir (Cervantes, 2014). Por ejemplo, parece que desde amplios sectores de la academia hay que mantener la perniciosa separación entre Ciencia y Religión, impuesta desde el juicio a Galileo en 1633 y luego apoyada desde muchas posiciones estratégicas. Quien quiera a este respecto (sufrir y) ver hasta qué punto de confusión hemos llegado, no tiene más que leer en el Diccionario de Neolengua, esa pesadilla que inventó Orwell en su novela *"1984"* y que hoy se ha cumplido con creces en Wikipedia, el primer párrafo de la entrada titulada *"Relationship between religion and science"*. Yo lo he hecho el once de febrero de 2016 y, como digo, he sufrido al leer que: *"the majority of scientists in elite universities in the US do not hold a conflict view,"* teniendo en cuenta que la opinión contraria es la habitual en publicaciones de divulgación dirigidas al gran público.

Considerar la Biología desde el Estructuralismo significa explorar la manera en que se está construyendo el mundo desde amplios sectores del poder, tales como los que regulan y administran los contenidos del Diccionario de Neolengua. Eso revela los intereses que hay para mantener a la Biología como herramienta de segregación (Sánchez Arteaga y Ventura, 2016): para los pobres, cada vez más numerosos, la evolución como religión única; para los más ricos, una biología sintética que les permita contemplarse en el gozo que produce pertenecer a una élite y mantener su sueño eterno: la creación de una súper-raza.

Pero el panorama descrito en la frase arriba citada ("*Al pensar en estas dialécticas...*") se puede comparar con el de la Biología. En física el desplazamiento del centro de atención ha ido de los sistemas cinéticos de masas en movimiento hacia sumergir los acontecimientos cinéticos en la totalidad de la realidad física, destacando la importancia de los procesos luminosos, y propiamente energéticos. En Evolución, el centro de atención ha sido la especie y ahora debe desplazarse hacia el sistema.

HACIA UNA BIOLOGÍA ESTRUCTURAL

El zoólogo Étienne Rabaud (1868-1956) es contemporáneo de los físicos que protagonizaron la revolución a la que se refiere Moloud: de Broglie (1892-1997), Bohr (1885-1962), Dirac (1902-1984), Eisenberg (1901-1976), y Einstein (1879-1955). Vamos a comentar un texto de Rabaud que nos recuerda mucho a aquel de Cuvier que nos servía de apoyo para proponerlo como fundador del Estructuralismo (Cervantes, 2014):

> Nadie puede mirar a un organismo vivo cualquiera, sin pensar inmediatamente en la naturaleza y el origen de la relación de este cuerpo con todas sus condiciones de existencia. Este organismo tiene una forma, órganos, funciones, que están de acuerdo o parecen estar de acuerdo con su forma de vida, con el medio en que se encuentra. Y estos resultados, y esos aspectos, imponen necesariamente a la mente la cuestión de la adaptación. Algunos la consideran una de las "más preocupantes" de la Biología; es, al menos, una de esas cuestiones cuya solución los naturalistas y filósofos han perseguido siempre sin llegar a un resultado satisfactorio.
>
> Sin embargo, sería importante lograrlo ya que, resolver el problema de la adaptación es, al mismo tiempo, comprender el mecanismo de la evolución. La diversidad de las teorías propuestas, así como su fracaso, muestra la dificultad del problema. ¿La dificultad será tan grande como para hablar de imposibilidad? ¿Faltarían acaso para establecer nuestro razonamiento algunos datos esenciales?

O bien, ¿habría sido el problema mal planteado en general, proviniendo los sucesivos fracasos de un error fundamental del método?

No parece que el problema sea imposible y, hasta donde podemos juzgar, no faltan elementos para su solución. Y sin embargo el enunciado de la pregunta contiene una causa grave de error, ya que limita la investigación a algún tipo de adaptación, en lugar de extenderla a la adaptación concebida del modo más amplio.

Etienne Rabaud (1868-1965). *L'Adaptation et l'Évolution*. Paris, 1922.

Estos párrafos, que abren el libro de Etienne Rabaud titulado *"L'Adaptation et l'Évolution"*, nos enfrentan con dos cuestiones. Ambas en relación con lo imposible: Primera: es imposible hacer la menor observación, apenas el mínimo comentario acerca de un ser vivo sin considerar sus relaciones con el medio. Lo mismo se aplica de manera más general a la Biología. En segundo lugar, también puede que sea imposible comprender el mecanismo de la evolución, nos dice Rabaud. Pero analicemos despacio la primera imposibilidad, porque puede que precisamente por no habernos dado cuenta de su importancia, hemos fallado en la interpretación de la segunda. Puede que efectivamente sea imposible entender la evolución por no haber evidencia suficiente.

ANÁLISIS DE IMPOSIBLES: ALGUNOS TIPOS

Cada organismo, viene a decir Rabaud, es producto de las condiciones de un medio ambiente en donde se encuentra integrado. Cada observación, cada comentario que podamos hacer en relación con un ser vivo tendrá que ver, asimismo, con aspectos de su entorno. Podemos decir que las aves vuelan y que los peces nadan, observaciones que se refieren al modo que tienen estos animales de desplazarse por el medio. Podemos decir que el ser humano piensa, que

144

es racional o que es político y nos estaremos refiriendo a sus relaciones con el medio. En la naturaleza, ningún ser vivo se encuentra solo ni aislado. Por este motivo, no hay ningún ser vivo que sea perfecto, que se encuentre en camino de serlo, ni que esté bien adaptado más allá de un tiempo y lugar limitados. El mismo tipo de análisis podemos aplicarlo a la Biología. No habrá teoría bien comprendida si no tenemos en cuenta su entorno histórico e incluso puede que, para alguna, su único soporte sea, no una visión original y preclara de los elementos en juego, no un conjunto espectacular de experimentos, sino que resida en encontrarse firmemente apoyada por una serie de intereses económicos y connotaciones sociales. Resultará imposible entender el mecanismo de la evolución si la evolución no puede tener otro mecanismo que la describa mejor que su propia construcción social. No se puede entender lo que no existe como ya hemos demostrado en el caso de la Selección Natural (Cervantes y Pérez Galicia, 2015). Tampoco se puede entender el término adaptación en un sentido general.

Adaptación no es un término absoluto. Hablar de adaptación no tiene ningún sentido si no se indica puntualmente a qué nos referimos. Lo mismo ocurre con el término supervivencia. No existe un concepto de supervivencia en general sino que toda vez que se expresa adecuadamente la supervivencia se refiere a unas condiciones. Tanto para cada caso de adaptación como de supervivencia (en definitiva ambos conceptos están relacionados), se necesita una meticulosa descripción del medio ambiente en el que el organismo se desarrolla y vive. Tanto que, en su ausencia, los conceptos de adaptación y supervivencia, carecen de significado. La supervivencia no existe en un sentido general, la adaptación y la aptitud tampoco. Cada organismo vive en unas circunstancias que son a la vez muy determinadas y transitorias. En consecuencia, quien es hoy más apto no tiene garantía alguna de serlo mañana y el más apto de hoy y mañana no lo será para siempre.

La conclusión de una rápida lectura de este primer párrafo de Rabaud es que, para todo ser vivo, su consideración como individuo aislado es un sueño, producto del delirio de la imaginación que consiste en concebirlo como algo independiente, separado de sus condiciones de vida.

No comprender el primer imposible de Rabaud:

> Nadie puede mirar a un organismo vivo cualquiera, sin pensar inmediatamente en la naturaleza y el origen de la relación de este cuerpo con todas sus condiciones de existencia.

Es la base y el fundamento de algunas de nuestras interpretaciones habituales de la naturaleza: competición, lucha, supervivencia del más apto, selección natural. Conceptos propios de visiones sectarias, dogmáticas, ideológicas. Puntos de vista ramplones o simplemente errores, que no tienen lugar dentro de la Historia Natural.

No hay ni puede haber descripciones de un ser vivo fuera de su ambiente puesto que un ser vivo sólo existe en función de su ambiente. Algunos imposibles resultan ser así simplemente errores del lenguaje, productos de fallos de comprensión e interpretación. Dicho de otro modo, se convierten en falsos-posibles sólo en apariencia por su uso, por el hábito, por la tradición. Afortunadamente esto no les da validez científica. Pero el uso de términos confusos abre la puerta a nuevos imposibles.

Concebir un organismo separado de su ambiente, algo que venimos intentando hacer ya durante generaciones, es admitir algo imposible que nos lleva a una terminología inadecuada. Para comprender la adaptación, en cada caso necesitaríamos tener amplios datos no sólo del organismo

146

sino también del ambiente. No habrá posibilidad de hablar de adaptación en general, sin conocer antes muchos detalles de cada caso en particular. He aquí un problema clásico con las colecciones de insectos: lo que nos presentan no es la realidad que interesa al científico, sino una parte de ella, y por cierto, muy desmejorada.

Tres preguntas surgen en el texto de Rabaud ante la gran dificultad para entender la adaptación:

1. ¿La dificultad será tan grande como para llevar a la imposibilidad?
2. ¿Faltarían acaso para establecer nuestro razonamiento, algunos datos esenciales?
3. ¿Habría sido el problema mal planteado en general, proviniendo los sucesivos fracasos de un error fundamental del método?

Nuestra tarea consiste en enfrentarnos con estas cuestiones. Ya hemos dicho que hablar de adaptación en general nos parece inadecuado. En este sentido tiene razón Rabaud y faltan datos. Para cada caso particular de adaptación hay que conocer infinidad de detalles y no es lícito generalizar. Pero además de faltar datos, y esto es peor, sobran otros datos no-esenciales que sólo sirven para enturbiar el asunto, para generar confusión. Evidentemente, tiene razón Rabaud: el problema ha sido mal planteado por un uso indebido del lenguaje. Ha habido desde hace ya muchos años un grave error fundamental de método que hay que identificar, reconocer y rectificar. Lo que parece haber pasado desapercibido a los ojos de Rabaud es que una buena parte del problema consiste en identificar adaptación con evolución. Él mismo ha caído en este error cuando dice:

> …resolver el problema de la adaptación es, al mismo tiempo, comprender el mecanismo de la evolución.

Y esto no tiene por qué ser así ya que, como acabamos de ver, el problema de la adaptación no sólo está muy lejos de ser resuelto, sino que, además ni si siquiera puede ser planteado como un problema general sino que ha de ser descompuesto en multitud de casos particulares.

No obstante el error que induce a confundir adaptación con evolución, debemos estar de acuerdo con Rabaud en que primero hemos de concentrar nuestro esfuerzo en entender la adaptación. Luego, ya veremos.

Con las ideas hoy vigentes sobre la evolución, el estudio de la totalidad de los procesos que han dado lugar a los seres vivos, resulta absolutamente imposible pensar en serio en algo llamado el *mecanismo de la evolución*. No ya comprenderlo como dice Rabaud. Ni tan siquiera admitir que tal mecanismo exista ¿Cabe complejidad mayor que la totalidad de los procesos que han dado lugar a los seres vivos?, ¿Es posible, es lícito hablar como Rabaud de un mecanismo que habría dado lugar a la totalidad de los seres vivos? No, si hablamos de mecanismos conocidos y tampoco si hablamos de mecanismos posibles. Tan sólo es posible hablar de un mecanismo de la evolución, es decir de un mecanismo que ha dado lugar a los seres vivos, si estamos hablando con el pensamiento contaminado por una idea imposible: la idea de evolución como mecanismo. Error fruto de otro error: la idea de adaptación como proceso general. La adaptación no es un proceso general, la evolución no es un mecanismo.

La historia reciente de la Biología muestra la imposición constante de conceptos imposibles, bien porque no existen (selección natural, gen egoista) o porque, de existir, tienen una aplicación muy puntual, que requiere descripciones particulares y si no, se vuelven inútiles y perniciosos.

En respuesta a Rabaud tenemos que decir ya que la evolución no es un mecanismo. Para entenderlo necesitaremos ver antes qué es la adaptación, proceso al que ingenuamente Rabaud ha igualado ya al de evolución, bloqueando en parte el desarrollo de su propio discurso.

ADAPTACIÓN: PRECISANDO UNA DEFINICIÓN

Seguimos leyendo a Rabaud quien, en sus párrafos de mayor precisión, nos sigue recordando a Cuvier:

> Sobre un punto, todos los autores se ponen de acuerdo. Para todos, adaptación significa concordancia de las disposiciones anatómicas con las condiciones de existencia; la estructura de los órganos responde a su modo de funcionamiento y éste responde a las necesidades de la vida: la constitución de la retina, la disposición de las partes diversas del ojo, permiten y favorecen, decimos, la mejor utilización de los rayos de luz; el ojo sería una adaptación a la visión. La forma de los peces, su modo de locomoción, su órgano respiratorio, pasan a corresponder exactamente a las exigencias de la vida en el agua: los peces están adaptados a un medio acuático. Las patas del topo le permiten excavar el suelo con rapidez; el topo estaría pues adaptado a la vida excavadora. Encontraríamos así, sin dificultad, mil ejemplos de esta «armonía» entre los organismos, su manera de vivir y las circunstancias diversas del medio.
>
> Pero este acuerdo que reina entre los naturalistas, se refiere sólo al estado de las relaciones que ellos creen constatar entre los organismos y su medio y no al modo en el que estas relaciones se establecieron. Sobre este último punto, el acuerdo acaba y los naturalistas se reparten entre opiniones diversas.

Encontramos una definición correcta de adaptación (*concordancia de las disposiciones anatómicas con las condiciones de existencia*) y unos cuantos ejemplos. Ahora bien, reconocer la armonía no significa ni mucho menos tener una explicación para ella.

En este sentido, indica Rabaud, los naturalistas no se ponen de acuerdo y se reparten entre tres opiniones diversas: armonía pre-establecida, acción del medio y selección, que vienen a ser curiosamente las mismas tres opiniones que indica Pedro Laín Entralgo en su libro "*Historia de la Medicina*" y que brevemente define como: 1) Un anti-evolucionismo, ya residual; 2) Una reviviscencia del lamarkismo (para él punto menos que imposible: *definitivamente rechazada* son sus palabras (p. 566); y 3) Una visión neodarwinista. La opción del anti-evolucionismo ya residual de Laín Entralgo es también rápidamente descartada por Rabaud: para él se trata de aquella visión que imagina a la adaptación dominada por fuerzas internas de naturaleza supra-sensible. Supongamos de momento que, junto con Rabaud y Laín Entralgo, hemos descartado esta primera opción y veamos las dos restantes.

SEGUNDA EXPLICACIÓN: LA EXPLICACIÓN LAMARCKIANA O TRANSFORMACIÓN

Para la explicación lamarckiana, indica Rabaud, la evolución sería una verdadera transformación:

> Partiendo de formas simples, los organismos se modificarían continuamente bajo el efecto de las influencias exteriores. Éstas, en efecto, no permanecen constantes; cambian por razones diversas, bien sea que uno o varios de los componentes del medio sufren variaciones, o bien sea que los organismos se desplazan, activamente o pasivamente, y encuentran condiciones nuevas de vida para ellos. Activas o pasivas, estas condiciones nuevas no dejarían a los organismos indiferentes; a su vez variarían y se encontrarían, en consecuencia, en armonía con las condiciones nuevas.

Esta explicación lamarckiana supone que las condiciones del ambiente pueden modificar el material hereditario. Algo imposible según el dogma de la barrera somático-germinal de la autoridad del darwinismo en Alemania Arthur Weismann, pero ampliamente demostrado en la actualidad (Eaton *et al.*, 2015; Sharma, 2013). *Definitivamente rechazada* eran las palabras que Laín Entralgo aplicaba a la explicación lamarckiana y que, por el contrario, ahora podemos aplicar a la barrera somático-germinal de Arthur Weismann. Weismann, uno de los principales defensores del darwinismo en Alemania, imaginó e impuso desde su alta posición académica una barrera entre las células somáticas y las germinales. Mediante esta barrera imaginaria sentó las bases de la ley que decía que los cambios debidos a influencia ambiental, al uso y desuso de Lamarck, no son heredables. Mantener aislada la línea germinal era una necesidad para los presupuestos eugenistas y de hegemonía de la raza aria, pero la barrera somático-germinal, que nunca ha existido, tampoco existe ya en el lenguaje. Destino inevitable de los significantes sin significado. En breve ocurrirá lo mismo con la selección natural y algo parecido ha debido de ocurrir ya con el "gen egoísta" y el "DNA basura o chatarra". Se han descrito muchos ejemplos de herencia trans-generacional, es decir que las modificaciones en el material genético debidas a las condiciones de vida son transmitidas a la descendencia. No obstante no se ha descrito hasta el momento que alguno de estos ejemplos haya dado lugar a un cambio de especie.

Aun considerando que el ambiente influye en los organismos y que algunos cambios son heredables, parece aventurado pensar que el ambiente tiene la capacidad de modificar sin límites y será, cuando menos, una hipótesis difícil de demostrar. Se conocen numerosos casos de cambios morfológicos o fisiológicos en respuesta al ambiente en un número reducido de generaciones (por ejemplo los experimentos de Gaston Bonnier (1853-1922) cultivando plantas en distintas altitudes). Se trata de cambios en respuesta a condiciones ambientales que dan lugar a variedades o razas. A esto se refiere realmente *"El Origen de las Especies"* cuando dedica su primer capítulo a la vida en la granja. A las modificaciones a lo largo de generaciones en organismos que han sido sometidos a cambios ambientales y que resultan en variedades o razas, no a la formación de especies. Ahora bien ¿en cuántos casos bien documentados estos cambios ambientales han dado lugar a una nueva especie? En ninguno. Y no obstante, la explicación lamarckiana sigue siendo la única que permite ciertos cambios heredables tengan lugar en respuesta a las condiciones ambientales. Cambios que, hasta donde llegan las pruebas, son pequeños y no dan lugar a cambios de especie.

ADIÓS AL PARADIGMA DARWINIANO

En su libro, Rabaud (1922) ilustra la dificultad de explicar la adaptación mediante el paradigma darwiniano de la selección o supervivencia de los más aptos y aporta numerosos ejemplos. El lector interesado podrá tanto sumergirse en la lectura del texto de Rabaud como también explorar las bases semánticas de nuestra crítica al darwinismo, en definitiva, una serie de errores (Cervantes y Pérez Galicia, 2005). Darwin cometió primero el error de tomar a la granja como modelo para el estudio de la naturaleza; a continuación el error de confundir selección con mejora (*breeding* en inglés) puesto que las variedades domésticas no son producto de la selección sino del proceso completo de Mejora Genética que conlleva, además de la selección la realización de cruzamientos y sus resultados. Tomando el todo por la parte, Darwin llamó selección natural a lo que en buena lógica debió ser llamado "mejora natural", demostrando no ser muy cuidadoso al interpretar las actividades de ganaderos y granjeros. Ambas expresiones, selección natural y "mejora natural" están vacías de contenido, son oxímoron, fantasmas semánticos, *flatus vocis*. A la metonimia y el oxímoron vinieron a sumarse una serie de recursos de la retórica, cuya utilidad resultó indiscutible para la construcción de un edificio vacío de contenido científico y con una finalidad claramente social (Cervantes y Pérez Galicia, 2005). Pero volvamos al texto de Rabaud (1922): entre sus páginas encontramos una severa crítica del darwinismo. Concretamente, su crítica se dirige a los párrafos que se refieren al mimetismo en capítulo VII de *"El Origen de las Especies"*, titulado *"Objeciones diversas a la teoría de la Selección Natural"*. Párrafos que, en versiones anteriores ya habían sido severamente criticados por Mivart y que en la quinta edición dicen:

> Volvamos a las otras objeciones de míster Mivart. Los insectos muchas veces se asemejan para protección a diferentes objetos, tales como hojas verdes o secas, ramitas muertas, pedazos de liquen, flores, espinas, excrementos de aves o insectos vivos; pero sobre este último punto insistiré después. La semejanza es muchas veces maravillosa, y no se limita al color, sino que se extiende a la forma y hasta a las actitudes de los insectos. Las orugas, que se mantienen inmóviles, sobresaliendo como ramitas muertas en las ramas en que se alimentan, ofrecen un excelente ejemplo de semejanza de esta clase. Los casos de imitación de objetos, tales como el excremento de los pájaros, son raros y excepcionales. Sobre este punto hace observar míster Mivart: «Como, según la teoría de míster Darwin, hay una tendencia constante a la variación indefinida, y como las pequeñas variaciones incipientes deben ser en todas direcciones, tienen que tender a neutralizarse mutuamente y a formar al principio modificaciones tan inestables, que es difícil, si no imposible, comprender cómo estas oscilaciones indefinidas, infinitamente pequeñas al principio, puedan nunca constituir semejanzas con una hoja, caña u otro objeto lo suficientemente apreciables para que la selección natural se apodere de ellas y las perpetúe».
>
> Pero en todos los casos precedentes los insectos, en su estado primitivo, presentaban indudablemente alguna tosca semejanza accidental con algún objeto común en

153

los parajes por ellos frecuentados; lo cual no es, en modo alguno, improbable, si se considera el número casi infinito de objetos que los rodean y la diversidad de formas y colores de las legiones de insectos existentes. Como es necesaria alguna tosca semejanza para el primer paso, podemos comprender por qué es que los animales mayores y superiores -con la excepción, hasta donde alcanza mi conocimiento, de un pez- no se asemejan para protección a objetos determinados, sino tan sólo a la superficie de lo que comúnmente les rodea, y esto, sobre todo, por el color. Admitiendo que primitivamente ocurriese que un insecto se asemejase algo a una ramita muerta o a una hoja seca, y que este insecto variase ligeramente de muchos modos, todas las variaciones que hiciesen a este insecto en algún modo más semejante a alguno de tales objetos, favoreciendo así el que se salvase de sus enemigos, tendrían que conservarse, mientras que otras variaciones tendrían que ser desdeñadas, y finalmente perdidas, o, si hacían al insecto en algún modo menos parecido al objeto imitado, serían eliminadas. Verdaderamente, tendría fuerza la objeción de míster Mivart si tuviésemos que explicar estas semejanzas por simple variabilidad fluctuante, independientemente de la selección natural; pero tal como es el caso no la tiene.

La imaginación de Darwin supera aquí toda elocuencia. Su fe en lo que nadie ha visto ni probado supera toda duda:

Pero en todos los casos precedentes los insectos, en su estado primitivo, presentaban indudablemente alguna tosca semejanza accidental con algún objeto común en los parajes por ellos frecuentados; lo cual no es, en modo alguno, improbable, si se considera el número casi infinito de objetos que los rodean y la diversidad de formas y colores de las legiones de insectos existentes.

¿Nos quiere acaso decir aquí Charles Darwin que una tosca semejanza con cualquier objeto puede acabar dando un insecto igual al objeto inicial? Nótese el contraste en la expresión. Primero: *presentaban indudablemente alguna tosca semejanza.* Después: *lo cual no es, en modo alguno, improbable*…Hábilmente Darwin quiere persuadir al lector de que lo imposible es cierto. El párrafo acaba de nuevo de manera increíble:

> Verdaderamente, tendría fuerza la objeción de míster Mivart si tuviésemos que explicar estas semejanzas por simple variabilidad fluctuante, independientemente de la selección natural; pero tal como es el caso no la tiene.

Mivart criticó con razón estos párrafos en los que la selección natural, que no existe, viene a apoyarse a sí misma. Etienne Rabaud apoyó firmemente la crítica de Mivart. En su libro *L'adaptation et l'evolution* destaca este modo ambiguo de ver las cosas y nos dice:

> Esta doctrina levanta, bajo diversos puntos de vista, objeciones extremadamente graves. Para limitarnos a lo que nos importa aquí, una simple observación basta. Supongamos que la semejanza verdaderamente crea una ventaja y tomemos, para fijar los términos, un animal que tuviera el aspecto de una hoja seca. Esta semejanza resulta de una variación que afecta a algunos de los individuos de una especie; sólo los que tengan el aspecto de hoja-muerta se confundirán con el substrato y pasarán inadvertidos, todos los demás desaparecerán tarde o temprano y no deberíamos encontrar ningún individuo de esta especie que no tuviera el aspecto de hoja-muerta. Pero hará falta que el aspecto de hoja-muerta se establezca de una sola vez, que los individuos se vuelvan invisibles de golpe. Porque la invisibilidad constituye una ventaja sólo si es completa. Las supuestas «adaptaciones» sucesivas, que llevarían por etapas de una gran visibilidad hasta la invisibilidad, no proporcionarían ninguna ventaja parcial; la visibilidad persistiría, en efecto, y estos individuos intermedios deberían desaparecer, tanto como los individuos modificados. Pero si no desapareciesen… ¿a qué sería debida su persistencia, ya que el mimetismo no podría disimularlos a los ojos de los agresores? Al suponer, por otra parte, que su menor visibilidad constituye una ventaja ligera… ¿deberían entonces desaparecer cuando sobrevienen los individuos menos visibles todavía? Si la primera

"ventaja" supuso una salvaguardia suficiente, ¿cómo podría ser que la llegada de individuos menos visibles todavía viniese a suprimir el efecto útil de esta primera ventaja?

Y más adelante dice:

Cualesquiera que sean los ejemplos escogidos, la misma conclusión se impondría: la selección, tal como la conciben los darwinistas, no conduce de ninguna manera a la adaptación, a la concordancia de las formas y de las funciones con las condiciones de existencia.

Sin embargo, la idea de la selección de las variaciones "ventajosas" ejerce, sobre un gran número de espíritus, una verdadera fascinación; para ellos, toma el valor de un hecho necesario, por encima de toda discusión, dominando el mundo vivo y dirigiéndolo. Por definición, la selección está en la base de todos los fenómenos, se trataría sólo de saber encontrarla en cada caso particular. Y esta creencia mística en la selección engendra las interpretaciones más extrañas.

Poniendo de manifiesto, como hiciera Mivart, que la explicación darwiniana no sirve. Su crítica es correcta: *la selección no conduce de ninguna manera a la adaptación, a la concordancia de las formas y de las funciones con las condiciones de existencia.* Más aún, se queda corta: no sólo la selección no conduce a la adaptación, sino que la selección no existe. En la granja, sí. En la naturaleza, no. Los oxímoron son una conocida estrategia para el lavado de cerebro, una técnica de hipnosis. Mediante el uso continuado de expresiones contradictorias, el autor consigue desconcertar al lector, crear una disyuntiva en su pensamiento que lo deja a sus expensas. El intento de persuadir mediante esta técnica, en el caso de Darwin ha estado apoyado por una enorme estrategia con importantes elementos entre el mundo editorial, financiero y académico. Los modales educados de Mivart o de Rabaud no son suficientes para contrarrestar la fuerza de los errores y contradicciones darwinistas. En

definitiva el darwinismo consiste en una imposición, algo
contrario al uso imperante entre los científicos de la época.

OTRAS DIFICULTADES

En el prefacio de su obra *"Souvenirs Entomologiques"*,
publicada en Paris en 1882 indica Jean Henri Fabre (1823-
1915):

> El transformismo en particular que creía explicar, por la
> intervención de la inteligencia, un gran número de
> acciones cumplidas por los insectos, no parece haber
> justificado en nada sus pretensiones. El dominio del
> instinto se rige por leyes que escapan a todas nuestras
> teorías. Es pues con las mismas convicciones
> inquebrantables que mantengo las ideas que nunca dejé
> de sostener y de defender.

Mostrándose así, de manera extremadamente cauta y
educada pero también inflexible, contrario al
transformismo, a la evolución. En el primer tomo de esta
obra, Fabre describe su encuentro en 1843 con la abeja
Chalicodoma muraria, hoy *Megachile parietina*, en los
alrededores de Carpentras. El capítulo VII relata sus
experiencias sobre el sentido de la orientación en este
insecto.

El capítulo, indica el autor al principio del mismo, iba a
estar dedicado al recientemente fallecido Charles Darwin,
quien había sugerido unos experimentos al autor que, al
parecer, no estaba de acuerdo con las teorías del naturalista
inglés:

> Este capítulo y el siguiente debían estar dedicados, en
> forma de carta, al ilustre naturalista inglés que reposa
> ahora en Westminster, frente a Newton, a Charles
> Darwin. Mi deber era darle cuenta del resultado de
> algunas experiencias que él me había sugerido en nuestra
> correspondencia, deber muy dulce para mí, porque si los
> hechos, tales como los observo, me alejan de sus teorías,

157

no por ello tengo menos veneración profunda por su nobleza de carácter y su candor de sabio. Redactaba mi carta cuando me llegó la punzante noticia: el hombre excelente ya no existía; después de haber sondeado la cuestión grandiosa de los orígenes, se enfrentaba con el último y tenebroso problema del más allá. Renuncio pues a la forma epistolar, un contrasentido delante de la tumba de Westminster. Una redacción impersonal, libre de afectación, expondrá lo que tenía que contar con un tono más académico.

Pero, mediante este curioso giro, y a pesar de sus buenas palabras, Fabre no termina de hacer efectiva la dedicatoria. ¿Por qué? enseguida lo veremos...

En primer lugar, los resultados de los experimentos propuestos no fueron como se esperaba. Fabre investigaba el efecto del magnetismo en la orientación de las abejas y los tratamientos sugeridos por Darwin con intención de "despistarlas" no tuvieron efecto y su sentido de la orientación se mantuvo. Fabre comenta al respecto:

> Mantengámonos ahí; la experiencia ha sido suficientemente repetida, pero no concluye como lo esperaba Charles Darwin, como yo mismo lo esperaba también, sobre todo después de lo que se me había contado sobre el gato. En vano, según la recomendación hecha, transporto primero mis insectos en sentido opuesto del punto donde debo soltarlos; en vano, cuando voy a volver sobre mis pasos, hago girar mi honda con toda la complicación rotatoria que puedo imaginar; en vano, creyendo aumentar las dificultades, repito la rotación hasta cinco veces, al principio, de camino, para la llegada: nada de eso tiene efecto: Las abejas vuelven, y la proporción de las que regresan en un mismo día oscila entre 30 y 40 por 100. Me cuesta abandonar una idea sugerida por tal maestro y tanto más acariciada en cuanto a que yo la consideraba apta para dar una solución definitiva. Los hechos están allí, más elocuentes que todas las visiones ingeniosas de

conjunto, y el problema queda también tenebroso como jamás.

La demostración es suficiente. Ni los movimientos embarullados por una rotación como la descrita; ni el obstáculo de las colinas que hay que superar y el bosque que hay que atravesar; ni las trampas de una vía que se adelanta, vuelve atrás y regresa por un circuito amplio, nada de eso puede confundir a las abejas desubicadas para impedirles volver al nido. Había dado parte a Ch. Darwin de mis primeros resultados negativos, los de la rotación. Esperando un éxito, se sorprendió mucho del fracaso. Sus palomas, si hubiera tenido oportunidad de experimentar con ellas, se habrían comportado como mis himenópteros; la rotación previa no las habría molestado. El problema exigía otro método, y he aquí lo que me fue propuesto:

"Colocar al insecto en una bobina de inducción, para interferir con cualquier sensibilidad magnética o diamagnética que parece posible que pueda tener…"

Lógicamente, este método es considerado imposible de practicar con los medios al alcance de Fabre quien, tras comentarlo con cierta ironía, da noticia del segundo método propuesto por Darwin. Atención:

Convertir una aguja muy delgada en un imán; y luego romperla en pedazos muy pequeños, que todavía serían magnéticos, y pegar estos pedazos con algún tipo de pegamento sobre el tórax de los insectos para experimentar con ellos. Creo que un imán tan pequeño, de su proximidad cercana al sistema nervioso del insecto, lo afectaría más que las corrientes terrestres.

Tal propuesta hace surgir en Fabre el siguiente comentario:

Al escribir estas líneas, me refugio detrás de la reputación poderosa del sabio que engendró tal idea. Si procediese de una persona humilde como yo, no parecería serio. La oscuridad no puede permitirse estas teorías audaces.

Pero siguiendo los consejos del sabio naturalista inglés, Fabre nos cuenta su experimento. Después de colocar un trozo de imán en el dorso del insecto:

> El imán se sujeta sobre el tórax; y el insecto se deja ir. En el momento en que es libre, la abeja se cae a la tierra y vaga, como una loca, en el espacio del suelo. Reasume su vuelo, vuelve a caer, vuelca sobre su lado, sobre el dorso, golpea contra las cosas en su camino, emite zumbidos ruidosamente, se arroja desesperadamente y acaba por lanzarse por la ventana abierta en un vuelo precipitado.
>
> ¿Qué significa todo esto? ¡El imán parece tener un efecto curioso sobre el sistema de mi paciente! ¡Qué alboroto provoca! ¡Cuán aterrorizada se encuentra la abeja! La abeja parecía, completamente aturullada, haber perdido la tramontana bajo la influencia de mis trucos. Pero vayamos a ver qué pasa en el nido. No tenemos que esperar mucho tiempo: El insecto regresa, pero librado de su artilugio magnético. Lo reconozco por los rastros de goma que todavía se adhieren al pelo del tórax. Vuelve a su celda y reasume sus trabajos.
>
> Siempre en guardia cuando interrogo a lo desconocido, indispuesto para sacar conclusión alguna antes de sopesar bien los argumentos en pro y en contra, siento que la duda me invade con respeto a lo que he visto. ¿Era realmente la influencia magnética lo que molestó a mi abeja de una manera tan extraña? ¿Cuando ella luchó y dio patadas en el suelo, agitándose desordenadamente tanto con las patas como con las alas, cuando ella escapó en medio del terror, lo hacía bajo la influencia del imán a su espalda? ¿Puede mi artilugio haber frustrado a la influencia de las corrientes terrestres sobre su sistema nervioso? ¿O bien su angustia era simplemente resultado del aparataje desacostumbrado? Esto es lo que queda por ver y sin retraso.
>
> Construí un nuevo aparato, pero con una paja corta en el lugar del imán. El insecto que lo lleva sobre su dorso se tira al suelo, da patadas y se comporta de modo

parecido a como lo hacía con el primero, hasta quitarse de encima la molesta invención, arrancándose con ello una parte de la piel sobre el tórax. La paja produce los mismos efectos que el imán, en otras palabras, el magnetismo no tuvo nada que ver. Mi invención, en ambos casos igualmente, es un artefacto incómodo del cual la abeja trata de librarse inmediatamente por todos los medios posibles. Esperar de ella acciones normales mientras que lleva un aparato, magnetizado o no, sobre su espalda es lo mismo que esperar estudiar los hábitos naturales de un perro después haberle atado un caldero a la cola.

El experimento con el imán es impracticable. ¿Qué nos diría esto si el insecto lo consintiese? En mi opinión, esto no nos diría nada. Para estudiar el regreso al nido, un imán no tendría más influencia que un poco de paja.

Cuando uno ha leído completo el capítulo, entiende bien por qué Fabre no hizo una dedicatoria al uso. Entenderlo requiere leer el capítulo completo, mejor en francés que en una traducción inglesa. La sutileza de Favre da una redacción educada al texto que no llega a disimular su indignación con los métodos propuestos por el "sabio naturalista inglés".

AGRADECIMIENTOS

Juana Gutiérrez de Diego, Carolina Martín Albaladejo y Antonio Rodríguez Méndez hicieron valiosos comentarios y anotaciones a la versión original.

REFERENCIAS

CERVANTES E. 2014. La biblioteca como laboratorio. Comentario del libro "El laboratorio de Foucault (Descifrar y ordenar)" de Mauricio Jalón. Editorial Anthropos, número 46. CSIC, Madrid 1994. Digital CSIC. http://hdl.handle.net/10261/98622

CERVANTES E, PÉREZ GALICIA, G. 2015. ¿Está usted de broma Mr Darwin? La Retórica en el corazón del darwinismo. Amazon (OIACDI), 306 pp.

EATON SA, JAYASOORIAH N, BUCKLAND ME, MARTIN DI, CROPLEY JE, SUTER CM. 2015 Roll over Weismann: extracellular vesicles in the transgenerational transmission of environmental effects. Epigenomics. Aug 27.

FAVRE, JH. 1882. Souvenirs entomologiques, Serie 2, Chapitre 7. En: http://www.e-fabre.com/e-texts/souvenirs_entomologiques/recherches_chalicodomes.htm

LAÍN ENTRALGO P. 1978. Historia de la Medicina. Salvat. Barcelona.

MIDGLEY, M. 2004. The Myths We Live By. Routledge. London.

MOLOUD, N. 1969. Langage et structures. Petite bibliotèque Payot. Paris.

RABAUD, E. 1922. L'Adaptation et l'évolution. E. Chiron. Paris: https://archive.org/details/ladaptationetl00raba

SÁNCHEZ ARTEAGA, J M Y VENTURA L. 2015. Biología humana, biomedicina y alteridad. Capítulo 4 en: Naturalistas en Debate. Emilio Cervantes coord.. Serie Anejos de la Revista Arbor 9. CSIC. Madrid.

SHARMA A. 2013. Transgenerational epigenetic inheritance: focus on soma to germline information transfer. Prog Biophys Mol Biol. 113(3): 439-46.